인생이
빗나가는 데는
다 이유가 있다

인생이
빗나가는 데는
다 이유가 있다

이현우 지음

창작시대사

여는 글

　자신의 삶에 활기를 느끼기 위해서는 스스로에게 동기를 부여 해야 한다는 절박한 사실을 깨닫고 나서 이 책을 썼다. 사람들은 대개 삶에 대한 열정을 잃어버린 채 일상의 지루함에 빠져 있으며 흥분을 느껴야 할 때조차도 아무것도 느끼지 못한다. 정신적으로나 육체적으로 지쳐 있기 때문이다. 이것은 진정 살아 있는 상태라고 말할 수 없다. 이 책은 진정한 삶을 살아가고자 하는 사람들을 위해 쓰여진 것이다.
　이 책에는 잘못된 행동 방식을 변화시키는 방법이 담겨 있다. 단순히 기계적으로 생각하지 않는 것만으로도 좀더 새로워진 자신을 발견하게 될 것이다. 이러한 인식은 우리의 행동에 활기를 불어넣는다. 기계적인 사고를 하지 않기 때문에 우리가 가진 잘못된 습관은 더 이상 영향력을 발휘하지 못하고 쉽게 약해진다.
　이 책은 구태의연한 사고 방식에 빠져 있는 당신에게 생생하고 새로운 삶을 살아갈 수 있는 방법을 알려줄 것이다. 그리고 고정된 사고 방식이나 태도를 던져 버림으로써 자신의 삶을 스스로 통제하는 방법을 터득하게 될 것이다. 행동하기 전에 생각하는 방법 또한 배우게 될 것이다.

    이제부터 제대로 된 삶을 살아갈 준비를 하자.

차 례

여는 글 | 4

PART I

사소한 일에도 쉽게 흥분하고 화를 낸다 | 13
문제가 생기면 저절로 해결되기를 바란다 | 17
사랑하는 사람들에게 상처를 준다 | 23
주위 사람의 사랑과 관심을 확인하려 든다 | 27
다른 사람의 거절에 쉽게 상처받는다 | 31
틀렸다는 것을 알면서도 주장을 바꾸지 않는다 | 37

PART II

남에게 도와 달라는 말을 하기가 쉽지 않다 | 43
내 말을 따르지 않으면 화가 난다 | 47
물건을 제자리에 놓지 못하고 찾아 헤맨다 | 51

칭찬이나 찬사를 들으면 왠지 마음이 불안하다 | 55
많은 사람들에 둘러싸여 웃고 떠들어도 나는 외롭다 | 61
100가지 중 하나만 잘못돼도 그것에 집착한다 | 65

PART III

스스로 판단하기보다 지시를 따르는 것이 마음 편하다 | 73
화가 난 상태를 즐기기도 한다 | 77
위험에 빠진 사람들을 구출하는 공상에 빠지곤 한다 | 81
초능력이나 텔레파시 같은 능력이 생기기를 바란다 | 87
남들보다 도덕적으로 우월하다고 느낀다 | 91
경쟁의식에 불탄다 | 95
외모에 유달리 집착한다 | 101

PART IV

일을 대충 처리하고 다음에 다시 한다 | 107

쉽게 산만해진다 | 111

하루에도 몇 번씩 컨디션이 바뀐다 | 117

항상 텔레비전이나 라디오를 켜 놓는다 | 121

사소한 문제를 결정하는 데도 시간이 오래 걸린다 | 125

자신이 세상과 남들을 '속이고 있다'고 생각한다 | 129

PART V

눈앞에서 새치기를 당해도 아무 말 하지 못한다 | 135

내 생각대로 성급하게 결론을 내리고 왜곡시킨다 | 139

아무도 나를 진정으로 이해하지 못한다 | 143

나는 늘 혼자이다 | 149

능력이 없는 것도 아닌데 되는 일은 별로 없다 | 153

게으르고, 의욕도 없다 | 157

PART VI

공상에 시간을 낭비한다 | 163

배고프지 않아도 무심코 무언가를 먹는다 | 167

나 한사람쯤 사라져도 지구는 여전히 돈다 | 173

늘 판에 박힌 생활 속에서 무기력하다 | 177

잘못된 습관을 고치기 어렵다 | 181

멍청한 행동을 하곤 한다 | 185

항상 그럴듯한 핑계로 자기 행동을 합리화한다 | 191

PART I

셔츠의 단추가 떨어진다.
음료수를 의자에 엎지른다.
누군가 길에서 나를 치고 지나간다.
이럴 때마다 마음속에 치밀어 오르는 화를
억누를 수가 없다.
때로는 사소한 일에도 쉽게 흥분하고
신경질을 부린다. 아무 이유 없이
누구에게나 화를 내고 공격적이 되거나,
내 말의 요점을 즉시 알아듣지 못하는 사람에게
쉽게 실망한다.

사소한 일에도
쉽게 흥분하고 화를 낸다

자신에게 충실한 삶을 살아가는 사람은 사소한 일에 전전긍긍하지 않는다. 이러한 사람에게 주방 바닥에 생긴 흠집 따위는 중요하게 보이지 않는다.

그러나 인생에서 에너지를 쏟아부을 만한 일이 아무것도 없는 사람들은 딜레마에 빠지기 쉽다. 앞으로 나아갈 목표라든지 주의를 집중할 무언가가 없으면 정신적으로 불안정한 상태가 된다. 인생에서 진정 중요한 것이 무엇인지 알지 못한 채, 중심을 잃고 좌충우돌한다. 게다가 문젯거리에 직면해서는 합리적으로 대응하지 못한다.

이런 사람들은 일상의 작은 불운이나 좌절을 과민하게 받아들인다. 삶의 일부분에 불과한 사소한 일이 마치 커다란 돋보기로 들여다보는 것처럼 확대되어 보이고, 곧 삶의 전부라도 되는 듯이 행동한다.

작은 잘못도 그냥 지나치질 못한다. 그래서 평소에는 참아야 된다고 생각하지만 스트레스가 한순간 견딜 수 없는 지경에 이르면 마치 화산이 폭발하듯 자기를 통제하지 못한다.

그러다가 결국에는 정말 작고 사소한 일이 잘못되어도 아무것도 제대로 되는 일이 없다고 실망한다. 그리고는 이렇게 말한다.

"내 인생에서 멋진 일이 하나라도 있었나?"

때로는 이러한 실망이 밖으로 표출되는 경우도 있다. 다른 사람들이 '완벽하지' 않을 때 크게 실망하고 화를 내거나 조급해한다. 어떤 일을 대하건 결점과 문제점을 찾아내고야 마는 대단히 비상한 능력을 발휘해서 이내 실망감의 늪에 풍덩 뛰어 들고, 그 어떤 것도 그 누구에 대해서도 참을성을 발휘하지 못한다. 이러한 이유로 아무개와 관계를 갑자기 끊어버리곤 한다.

자신의 상태가 이렇다면, 우선 매일 아침 인생에서 정말로 중요한 것이 무엇인지 떠올려보라. 아직도 살아 있는가? 자신의 인생에 관한 일을 스스로 결정할 능력이 있는가? 숨 쉴 공기가 있는가? 밝은 햇살이 당신의 머리 위로 쏟아지고 있는가? 그렇다면 자신에게 주어진 선물에 대해 감사할 수 있어야 한다.

자신보다 덜 가진 사람들과 비교해보는 것도 좋을 것이다. 자신이 얼마나 행운아인지를 깨닫게 해줄 만한 책을 읽거나 영화를 본다.

2차대전 당시 나치가 점령한 암스테르담에서 몇 년씩이나 비좁은 다락방에 숨어 살아야만 했던 유태인 가족의 이야기 『안네 프랑크의 일기』를 읽어보라. 끔찍한 환경에서도 끝까지 살아남으려는 인간의 의지에 감동을 받을 것이다.

하지만 이러한 방법으로도 상태가 별로 나아지지 않는다면 시각적인 암시물을 활용해보자.

우선 어항이나 유리병을 큰 거 하나, 작은 거 하나씩 준비한다. 큰 병에 '사소한 일'이라고 써서 붙인다. 그리고 종이쪽지에 자신을 화나게 만드는 사소한 일들을 모두 적는다. 침대 위에 젖은 수건이 놓여 있는 것, 바닥에 콘플레이크를 쏟은 일 등 당신을 불타오르게 만드는 것이라면 무엇이든 될 수 있다. 이 쪽지를 큰 병 안에 넣는다. 그리고 사소한 일로 지나친 반응을 보일 때마다 그 내용을 종이에 적어서 병 안에 집어넣는다.

작은 병에는 '중요한 일'이라고 표시한다. 이 병에 넣을 종이쪽지는 신중하게 작성해야 한다. 5년 후에 어떤 일을 할 것인지 혹은 자녀를 언제쯤 가질 것인지, 정말 중요한 일들을 금색 종이에 적어서 병에 넣는다.

그런 후에 2~3개월 간격으로 병을 비우는데, 우선 금색 종이에 쓰인 것들을 검토한다. 아직도 '중요한 일'에 넣어둘 가치가 있는지 확인하고 그렇지 않다면 그것을 과감히 버리고 현재 중요한 다른 것들을 집어넣는다. 다음에는 하얀 종이와 '작별'한다. 그것을 태워버리거나 시원하게 찢어버리고 '사소한 일'에서 해방된 자신을 축하해줘라.

문제가 생기면 요정이라도 나타나서
그것을 해결해 주기를 바란다.
어떤 경우에는 놀랍게도 문제가 스스로
'알아서' 해결되기도 하지만 대개는 그렇지 않다.
무작정 기다리기만 하면
상황이 악화될 뿐이라는 것을 알지만,
그럼에도 여전히 문제가
저절로 해결되기를 바란다.

문제가 생기면
저절로 해결되기를 바란다

이러한 사람들은 문제를 일으키거나 불편을 야기할 만한 가능성이 조금이라도 엿보이는 일은 애초부터 시작할 생각을 하지 않는다. 자신의 인생에 스트레스를 안겨줄 것 같은 예감이 드는 일은 아예 뚜껑조차 열어보려고 하지 않는다. 자신의 인생에서는 걱정거리들이 더 이상 일어나서는 안 된다고 믿고 있는 것이다.

변화는 상상하기조차 어렵다. 무언가 달라진다는 것은 곧 어느 정도 스트레스를 감수해야 한다는 것을 의미하기 때문에 오로지 '현상 유지'만을 최선의 목표로 삼는다. 그러나 스트레스를 피하려고 노력하면 할수록, 더 많은 스트레스를 받게 될 뿐이다. 자기만의 세계에 고립되면 자신을 둘러싸고 있는 환경과 상황을 조절하기는 점점 힘들어지기 때문이다.

자신이 원하든 원하지 않던, 살다보면 여기저기서 생각지도 못한 돌발 사고가 일어나고 골칫거리들이 생겨나기 마련이다. 아무것도 하지 않고 가만히 앉아 있는데도 벼락을 맞거나 지나가던 차가 갑자기

들이받을 수도 있다. 아무리 피해 가려고 해도 우리의 눈앞을 가로막는 문제들은 항상 있다.

　이럴 때 어떤 사람들은 자신에게 닥쳐온 문제들 앞에서 정면 돌파를 시도한다. 적극적으로 문제와 맞서 싸운다.

　그러나 앞에서 언급했던 사람들에게는 어림도 없는 얘기다. 오히려 자신에게 문제가 일어났다는 사실조차 외면하려 든다. 그러고는 문제가 저절로 해결될지도 모른다는 희망을 품는다. 적절한 행동을 취하려 하지 않고, 오랫동안 모른 척 내버려두기만 하면 괜찮아질 거라고 자신을 설득하기도 한다. 마치 모래 속에 머리만 처박고 사냥꾼이 사라지기를 바라는 어리석은 타조처럼. 물론 때로는 불쾌한 상황들이 정말로 사라지기도 하지만, 그런 경우는 거의 없고 오히려 악화되는 경우가 많다.

　예를 들어, 움직이는 버스의 뒷좌석에 혼자 앉아 있는데 기사가 운전대를 잡은 채 갑자기 정신을 잃고 쓰러졌다고 치자. 어떤 사람은 앞으로 달려가서 버스를 어떻게든 통제해 보려고 하기보다는 버스가 충돌할 경우를 대비하여 그저 자기 자리에서 꼼짝도 하지 않은 채 마음의 준비를 하는 편이 더 낫다고 생각한다. 운전대에 도달하기 전에 차가 충돌을 하면 더 심한 부상을 당할 수도 있는데 모험을 감수하려 하지 않는다. 주변에서 일어나는 일들을 그대로 내버려두고, 그 결과를 감내하려고만 한다.

때로는 자신에게 닥쳐온 일이 무엇인지 정확하게 인식하지 못하기 때문에 눈앞의 어려움을 해결하지 못하는 경우도 있다. 그렇다면 자신이 처한 상황을 명확하게 파악하기 위해 노력해야 할 것이다.

우선 대처하지 않아서 얼마나 더 나쁜 결과를 초래하게 될지 상상해볼 필요가 있다. '지금 이 문제를 처리하지 않는다면 내게 닥쳐올 재앙은 무엇인가?', '배우자 혹은 연인과의 관계를 변화시키지 않으면 얼마나 비참해질 것인가?' 등등. 아무런 행동을 취하지 않을 때 일어날 만한 최악의 결과를 생각해보라.

그러고 나서 자신에게 물어보라. '이 문제를 지금 바로 해결한다면, 내 인생은 어떻게 달라질 것인가?', '배우자 혹은 연인과 얼마나 더 행복한 삶을 살아갈 수 있을 것인가?' 등등. 문제를 미루기보다는 일단 행동을 취해서 그 문제를 해결하고 나면 얼마나 기분이 상쾌해질지 생각해보라. 문제를 해결하거나 상황을 개선하기 위해 즉각 취할 수 있는 다섯 가지 행동을 적어보는 것도 적절한 방법이다. 문제를 단번에 해결해 주지는 않더라도(본질적으로 인생문제는 수학공식처럼 확고 불변한 하나의 답을 낼 수 없다) 상황을 점차 개선시킬 수 있는 것이면 된다. 그러고 나서 즉시 그 다섯 가지 중에 하나를 선택한다. 자신의 두뇌가 문제를 직시하고 행동을 취하도록 훈련시키는 것이다.

가령 애인과의 관계가 예전 같지 않다. 이제는 더 이상 따뜻하고 애정이 넘치는 연인 사이가 아니라는 고민에 빠져 있다면 다음의 다섯 가지를 실천해보자.

   1) 소중한 연인에게 꽃과 카드를 보낸다.
   2) 어느 날 느닷없이 심야 데이트를 신청한다.
   3) 연인의 좋은 점을 모두 적어 그가 볼 수 있는 곳에 놓아둔다.
   4) 특별한 이유 없이 전화를 걸어 "사랑해"라고 말한다.
   5) 연인과 마주 앉아 자신의 사랑스러운 면 두 가지와 고쳤으면 하는 점 한 가지를 말해 달라고 한다.

문제가 해결될 때까지 이러한 노력을 계속해야 한다. 상황이 호전됨에 따라 자신의 행동목록에 계속해서 추가한다. 적어도 매일 한 가지씩은 실천하고, 그럴 때마다 계속해서 스스로를 격려한다. 그러다 보면 버스 뒷좌석에 숨어서 벌벌 떨고만 있는 것이 아니라 운전석에 앉아 위험으로부터 스스로를 구해내는 당신의 모습을 발견하게 될 것이다.

경청하는 태도를 갖는 방법

1. 적극적으로 귀 기울이기:

   상대방이 말하는 동안 집중해서 듣고, 중간에 끼어들지 않으며, 말하는 내용을 끝까지 들어주세요.

2. 눈맞춤 유지하기:

   상대방과 눈을 맞추는 것은 관심과 존중을 보여주는 좋은 방법입니다.

3. 몸짓과 표정으로 관심 표현하기:

   고개를 끄덕이거나 미소 짓기 등 비언어적 신호로 관심을 표현하세요.

4. 중간에 끊지 않기:

   상대방이 말하는 동안 기다리고, 자신의 의견이나 질문은 적절한 시기에 하세요.

5. 반영과 요약하기:

   상대방이 말한 내용을 다시 한번 정리하거나 요약해서 이해했음을 보여주세요. 예를 들어, "그 말씀은 ~라는 의미로 이해하면 되겠군요." 라고 말할 수 있습니다.

6. 질문하기:

   더 깊이 이해하기 위해 관련 질문을 하며 관심을 보여주세요.

7. 판단 유보하기:

   상대방의 말을 모두 들은 후에 판단하거나 조언하는 것이 좋습니다.

내가 무슨 짓을 하고 있는지 알 때도 있지만
대부분의 경우에는 모른다.
100퍼센트 완전히 나에게 이득이 되지 않으면
모임이나 약속, 임무 등을 미룬다.
진심으로 애정과 관심을 쏟는 사람들에게조차
상처가 되는 말을 하곤 한다.
자기 때문에 잘못된 일을 재빨리
다른 누군가 혹은 무언가의 탓으로 돌린다.

사랑하는 사람들에게
상처를 준다

사람들이 자기주장을 내세우는 것을 어색해하거나 자기의 생각과 아이디어를 표현하지 못하는 이유는 대부분 타인과의 대립을 피하고 싶어서이거나 스스로 그럴만한 가치가 없다고 생각하기 때문이다.

이럴 때 자연스러운 의사표현에 익숙하지 못한 나머지 오히려 왜곡된 방식으로 자신을 나타내는 경우도 있다. 타인에 대한 적대감을 드러내고 잔인한 행동을 함으로써 상대에게 자신의 존재를 알리고 싶은 것이다. 이를 통해서 상대와 동등하게 될 수 있다고 생각하기 때문에 때로는 극심한 좌절감에 사로잡혀 남들도 자기만큼 아픔을 겪어봐야 한다는 생각을 무의식적으로 하기도 한다.

근본적으로 자신의 소극적인 성격 때문에 원하는 바가 이루어지지 못해서 자신에게 화가 나는 것일 수도 있다. 그 비난은 자신에게로 향하고 결국에는 자기 파괴적인 행동으로 나타나기도 한다.

때로는 자신이 성공하지 못하는 이유가 외부적인 상황에 있다고 확신하기 때문에 의식적으로 자신의 행동을 점검하지 않고 다른 곳으로 화살을 돌린다. 다른 무엇보다도 자신의 실패에 대한 책임을 견딜 수 없기 때문이다.

　이런 사람들은 일이 잘 풀릴 때는 자신이 타인에게 비교적 참을성 있게 행동하지만, 일이 잘되지 않거나 기분이 나쁠 때는 타인에 대해서 적대적이며 분노를 폭발시키는 경향이 있다. 자신의 욕구가 충족되면 다른 사람들에게 기꺼이 호의를 베풀기도 하지만, 마음 밑바닥에는 언제나 해소되지 못한 분노가 출렁대고 있다.

　화가 치밀어 오르면 자신이나 다른 사람에게 상처가 되지 않는 방식으로 해소해야 한다. 우리 자신의 감정에 솔직해지자. 그리고 분노가 솟구칠 때마다 그것을 마음속에 쌓아두지 말고 기회가 있을 때마다 날려버려라.

　차 안에서 혹은 샤워를 하거나 달리기를 하면서 소리를 지르거나 고함을 친다. 마음속에서 심술이 고개를 들 때마다 옷과 양말을 가득 넣어둔 가방을 발로 차거나 주먹으로 친다. 아니면 풀밭의 잡초를 뽑거나, 구덩이를 파거나 낙엽을 긁어모으면서 아무도 듣지 않을 때 목청껏 고함을 질러라. 혹은 지칠 때까지 수영을 하는 것도 괜찮은 방법이다. 마음속에서 부글대는 짜증과 분노를 육체적인 운동이나 노동을 통해 발산시켜 버리는 것이다.

　필요하다면 자신이 미워하는 사람에게 하고 싶은 말을 일일이 종이에 적은 뒤 그것을 박박 찢어서 쓰레기통에 처넣어버릴 수도 있다.

다소 유치하고 엉뚱한 방법이라고 생각할지도 모르겠지만, 적어도 소중한 사람에게 쓸데없이 짜증을 부리고 상처를 주는 것보다는 훨씬 낫다. 분노를 애써 감추고 부인하기보다는 적당하게 폭발시켜 버려야 육체적·정신적·감정적으로 건강한 삶을 살아갈 수 있다.

성공이 곧 행복으로 통하는 지름길은 아니다. 자신의 인생에서 무엇이 빠졌는지 찬찬히 자기 삶을 들여다보라. 그리고 보다 가치 있는 목표를 세우고 그것을 향해 나아가는 순간, 삶에 대해 좀 더 긍정적인 시각을 갖게 되고, 자신의 미래에 대해서 희망이 샘솟는다. 그러면 주위 사람들에게도 한없이 친절해지는 자신을 발견할 수 있을 것이다. 아니면 다른 사람을 위해서 자신의 바람을 억누르고 희생해왔기 때문에 화가 났을 수도 있다. 자신을 돌보지 않는 사람은 어느 누구도 돌볼 수 없다는 사실을 기억하자.

자신에게 충실한 사람만이 다른 사람에게도 넉넉하고 편안하게 다가갈 수 있다.

다른 사람에게 계속해서 자신에 대해 묻는다.
"내게 무슨 일 있어요?" 아니면
"나한테 화난 건가요?"
또는 간접적인 행동을 통해서 자신에 대해
어떻게 생각하고 있는지 알아보려고 한다.
그리고 때로는 내가 사랑하고 관심을 갖는
모든 사람들이 사실은 나에 대해
그다지 호감을 갖고 있지 않다는 생각이 든다.

주위 사람의 사랑과 관심을
확인하려 든다

타인과의 관계를 계속해서 확인하려고 하는 이유는 불안감 때문이다. 구체적으로 말하면, 이러한 감정은 상대방이 자신에게 과분한 상대라고 생각하는 데서 생겨난다.

자신이 부족하다고 생각하기 때문에 상대방이 그것을 혹시 알아차리지는 않았는지 계속해서 확인하는 것이다.

자신에 대해 매력을 잃지는 않았는지 말 한마디라도 숨겨진 의미를 찾아내려고 한다. 그 사람과의 관계를 불안하게 느끼기 때문에 작은 의견 충돌만 일어나도 둘 사이를 다시 한 번 생각해보고 일에 따라 관계를 평가하기 때문에 무엇이든 터무니없이 과장해서 생각한다.

지금 이 순간까지 받아온 모든 사랑은 계산에 넣지 않는다. 조금이라도 섭섭한 말을 하거나 자기가 기대했던 것과 다른 행동을 하고 기대만큼 자신에게 관심을 보이지 않으면 그의 사랑이 '식어버렸다'고 단정 짓고 원망의 눈길을 보내는 것이다.

상황이 여기까지 이르면 지나가는 말 한마디, 의미 없는 작은 행동

하나까지도 확대 해석한다. 지금 일어나는 일만을 중요시하기 때문에 상대방이 자기에게 하는 모든 말에 지나치게 민감하게 반응하는 것이다. 작은 언쟁만 있어도 상대와의 관계를 전반적으로 재평가하고는 비록 순간적이나마 자신들의 관계가 되돌릴 수 없을 만큼 심각한 지경에 이르렀다는 결론을 내린다.

만날 때마다 '사랑해'라는 말을 다섯 번 정도나 반복하고는 상대의 답이 조금 부족하다 싶으면 당황해서 어쩔 줄을 모른다. 그리고 단지 '확인하기 위해' 작은 부탁이나 요청으로 상대방을 시험하기에 이른다.

물론 누군가에게 '사랑해'라고 말하는 것은 좋은 일이다. 그러나 너무 지나친 표현은 오히려 거부감만 불러일으키고 상대를 질리게 만들 뿐이다. 게다가 자신이 표현하는 만큼 상대도 자신에 대해 사랑을 나타내주길 바라는 기대가 생기기 마련이다. 상대방의 입장을 고려하지 않은 일방적인 기대는 당신의 마음에 상처가 되고, 이것은 결국엔 미움과 적개심의 씨앗이 된다.

가끔씩은 '사랑한다'라고 말하고 싶은 충동을 느낄 때 잠시 심호흡을 하고 마음속에서 느껴지는 그 사람에 대한 사랑을 가만히 생각해보라. 그리고 스스로 물어보라.

'지금 난 믿을 수 없을 만큼 그를 사랑한다고 느끼는 걸까, 아니면 단지 사랑을 필요로 하고 있는 걸까?' 그 차이점을 알아낼 수 있으면 자기 자신과 상대방 모두를 보다 신뢰할 수 있을 것이다.

다른 사람을 사랑하려면 자신을 진정으로 사랑하는 법을 배워야 한다. 그리고 자신을 사랑하려면 자신의 현재 모습을 수용하고 받아들여야 한다. 그러면 자연스럽게 다른 사람도 있는 그대로 받아들일 수 있다. 그러나 자신의 결점과 단점만을 끄집어낸다면, 다른 사람에 대해서도 마찬가지로 행동한다.

현실의 모습과 자신이 현실이라고 착각하고 있는 것 사이에는 큰 차이가 있다는 사실을 명심해야 한다. 이 간격을 없애기 위해서 자신의 장점과 단점을 솔직하게 인정해야 한다. 사실을 있는 그대로 보게 되면 받아들일 수 있는 만큼 사랑할 수 있다.

거절당하지 않기 위해서라면 무엇이든 한다.
내 의견이나 아이디어를 좋아하지 않을지도
모른다는 두려움 때문에 마음을
솔직하게 털어놓기가 망설여진다.
전화 통화가 끝나면 항상 재빨리 수화기를
내려놓기가 망설여진다.
먼저 전화를 끊는 소리를 들으면
무시당하는 것 같다.
바보 같은 소리로 들리겠지만
나에겐 그것도 상처가 된다.

다른 사람의 거절에
쉽게 상처받는다

이런 경우에는 단지 자신의 의견이나 생각이 거부당했다고 받아들이기 보다는 자기가 품고 있는 자신에 대한 이미지 전체가 거부당했다고 생각하는 경향이 강하다.

사실 어찌됐건 남에게 거절당하는 것은 그다지 기분 좋은 일은 아니다. 그런데 어떤 사람들은 "아님 말구"라거나 "무슨 사정이 있는 모양이군" 하고 간단하게 받아넘기는 반면, 어떤 사람들은 마치 무슨 커다란 모욕이라도 당한 것처럼 민감하게 반응한다. 잘 들어보지도 않고 "안 돼"라고 말하며 전화를 끊어버리는 상대방에게 묘한 배신감마저 느낀다. 그리고 상대방을 향한 희망의 화살은 결국 자기 자신에게로 되돌아온다.

자신의 아이디어를 듣고 별로 마음에 들어 하지 않으면 자신이 어리석기 때문이라고 생각한다. 누군가 자신의 셔츠를 맘에 들어 하지 않으면 자신의 취향이 형편없기 때문에 상대방이 그런 반응을 보인다고 여긴다. 누군가가 자신과의 약속을 취소하면, 자신이 호감을 주지 못하는 타입이기 때문이라고 성급하게 결론을 내려버린다.

이런 사람에게 세상 사람들은 둘로 나누어져 있다. 나를 좋아하는 사람과 그렇지 않은 사람. 그런데 불행히도 나에게 그다지 호감을 느끼지 않는 사람이 훨씬 많은 것 같다. 이런 사람들은 만사를 흑백논리로 보기 때문에 다른 사람이 조금이라도 부정적인 반응을 보이면 곧바로 자신이 뭔가 부족하기 때문이라는 좌절감 속으로 재빨리 달려 들어간다.

이런 사람들은 대개 중간 지점, 회색지대를 인정하지 않는다. 서로 의견이 일치하지 않으면, 반드시 누군가는 옳고 누군가는 틀리다고 생각한다. 그러므로 자신의 생각이 옳다는 것을 주장하기 위해 신속하게 방어 자세를 취한다.

오해를 하거나 정보가 잘못 전달되었을 가능성 또한 거의 인정하지 않는다. 자기 자신을 너무 낮게 평가하기 때문에 다른 누군가가 자신의 가치를 의심스러워하는 것은 더욱 참을 수가 없다.

그래서 타인과의 관계를 서둘러 끝내버리거나 아예 깊은 관계를 맺는 것조차 꺼린다. 거절을 당했을 때 그것을 감당해낼 만한 자신이 없기 때문에 처음부터 그런 일이 벌어질 만한 상황은 무조건 피해버린다.

또한, 주위의 사물이나 사람들에 대해 균형 잡힌 시각을 갖지 못하기 때문에 거절뿐만이 아니라 비판에 대해서도 몹시 민감하게 반응한다. 옳고 그름을 떠나, 어떤 것이건 작은 부분이라도 의문을 제기하는 것을 '나'라는 사람 전체에 대한 의심으로 받아들인다. 누군가가 자신의 '보호막'을 건드리면 모욕감을 느끼는 것이다.

예를 들어, 누군가가 "너는 어쩜 그렇게 고지식하니?"라고 말했다고 하자. 이때 자신 스스로도 그것이 사실이라고 인정하고 받아들이고 있는 경우에는 그 말에 대해 그다지 신경을 쓰지 않는다. 그러나 내심으로는 자신에게 그러한 일면이 있다는 것을 알면서도 그 사실을 쉽게 받아들이지 못하는 사람에게는 이 말이 커다란 상처가 된다. 스스로 인정하려 하지 않는 '사실'은 자신에게 고통을 준다.

이런 증상이 심각한 사람들은 자신의 믿음과 정반대의 입장에 서서 토론을 벌이는 훈련을 할 필요가 있다. 이렇게 하려면 배짱이 필요하고 몇 가지 과제를 더해야 하지만, 객관적으로 상황을 판단하고 거절이나 반대가 단지 상대방에 대한 무시로부터 비롯되는 것은 아니라는 사실을 깨닫게 해준다.

우선 함께 연습할 만한 사람을 찾아, 어떤 사항에 대해 서로 반대 입장을 취하고 자신의 생각을 발표하는 연습을 한다. 평소처럼 자신이 반대할 만한 입장을 선택해서 자신의 생각을 이야기해본다. 그러면 상황을 다른 각도로 바라보는 법을 체험할 수 있으며, 누군가 자신의 의견에 동의하지 않는다는 것이 반드시 세상의 종말을 의미하는 끔찍한 일들만은 아니라는 사실을 알 수 있을 것이다.

왜 '아니오'라고 이야기했는지 상대방의 입장에서 생각해볼 필요도 있다. 애인에게 함께 영화를 보러가자고 했을 때 싫다고 한다면, 그것은 단지 영화를 보지 않겠다는 것이지 당신과 함께 가는 것을 거부하는 것이다. 나를 사랑한다면 같이 가줄 수도 있는 문제가 아니냐고 생각한다면 그건 '억지'에 불과하다. 애인 입장에서 보면 영화를 보고 싶지 않은 자신의 생각이 거절당하는 것이다.

거절당하기를 두려워해서 너무나 소극적으로 행동하기 때문에 상대에게 당신의 의사가 잘 전달되지 않았을 수도 있다. 희미하게 의사를 전달해 놓고 그 사람이 그것을 눈치 채기를 기다리지는 않았는지 곰곰이 생각해보라. 자신의 생각을 적극적으로 표현한다면, 상대방도 당신의 제의를 좀 더 신중하게 받아들일 것이다.

자신의 의사 표현을 하는 데 문제가 있다고 느낀다면 다른 사람에게 물건을 팔아보는 연습도 도움이 된다. 무엇을 파는가는 문제가 되지 않는다. 어떤 상품이나 서비스, 아이디어 혹은 사람들이 따라주었으면 하는 해결책이나 추천사항 등 자신의 정열을 쏟을 수 있는 무언가를 찾아내서 상대가 반드시 물건을 사게 만들거나 혹은 자신이 원하는 대로 행동하게 만들려면 어떻게 해야 할지 생각해보고, 이를 행동으로 옮겨보는 것이다.

어떤 사람들은 더할 나위 없이 기쁘게 요청을 받아들일 것이다. 생각해보겠다는 대답을 얻어내면 일단 반은 성공한 셈이다. 그런 경우에는 계속 부탁하면 대체로 성공을 거둘 수 있다.

요청을 거절하는 사람들도 당연히 있을 것이다. 인생에는 그 어떤 것도 보장된 것이 없다. 그러나 사물을 올바른 견지에서 바라보길 바란다. 그리고 이번에는 나의 요청을 거절했지만 다음번에는 부탁을 들어줄 수도 있다. 사람들이 사지 않기로 결정하는 데는 여러 가지 이유가 있으며, 대부분의 경우 당신 자신과는 전혀 관계가 없다는 것을 명심하라.

나는 항상 절대적인 관점에서 생각한다.
나는 모든 것을 흑백논리로 생각하며
매우 고지식하다는 말을 듣곤 한다.
결정은 신속히 내리지만 한번 내린 결정을
다른 방향으로 바꾸는 데는 느리다.
무언가를 믿거나 결정을 할 때면,
내가 틀렸다는 결정적인 증거가 있음에도
불구하고 나의 견해를 바꾸려하지 않는다.

틀렸다는 것을 알면서도
주장을 바꾸지 않는다

인생에 대해 뚜렷한 주관을 가지고 살아간다거나 확실한 신념을 가지고 있다는 것은 물론 나쁜 일이 아니다. 속담에도 있듯이, "아무것도 찬성하지 않으면 무슨 일이든지 실패할 것이다." 그러나 어떤 사실이 변할 수 있다는 가능성을 완전히 무시하고 자신의 의견만을 고집한다면 그것은 일관성이 있는 마음이라기보다는 편협한 마음이라고 할 수 있을 것이다.

이런 태도에는 몇 가지 문제가 있다. 우선 무엇이든 변화하는 것을 싫어하고 현재의 안정을 유지하는 데 급급해서, 단지 이 상태가 꾸준히 이어지기를 갈망하기 때문에 자신의 신념과 이상에 집착하고 있을지도 모른다. 심리적으로 불안정하기 때문에 자신을 확고히 지탱해줄 영원불변의 것(확고한 의지!)을 찾는 것이다. 그러므로 '나는 주체적으로 행동하는 사람'이라는 주장을 내세우며 자신의 의견을 그대로 밀고 나간다.

이런 왜곡된 자신의 주체성 때문에 일단 결정을 하고 나면 바꾸기를 싫어한다. 마음을 바꾸는 것은 자아를 위협하는 행동인 것이다.

누구나 자신이 주체적이길 원한다. 그러나 유연성이 결여된 자기주장은 주위에서 대단한 고집불통이나 답답한 사람으로 통하게 만든다.

마음이 좁은 사람들은 자신의 마음속으로 아무것도 받아들이지 않으면서 동시에 모든 것을 자신으로부터 몰아내려고 한다. 진정으로 자신감 넘치고 안정되어 있는 사람들은 새로운 아이디어와 정보를 받아들이는 데 적극적이며, 행동으로 옮기는 데도 주저하지 않는다. 사실을 직시하고 통찰력을 갖는 것은 자신의 주체성을 없애버리는 것이 아니라 만들어 가는 것이다.

오늘이라도 당장, 자신이 몰랐던 재미있는 사실을 하나 발견하고 그것을 실생활에서 응용할 수 있는 방법을 찾아보라. 예를 들어, 당신이 변호사라면 해양학에 관해서는 거의 무지할지도 모른다. 그렇다면 도서관으로 가거나, 인터넷을 통해서 해양학과 관련된 공부를 시작한다. 이것이 단지 의미 없는 행동으로 끝나지 않고 어떤 유익한 결과를 보장해줄 만한 발견으로 이어질 수도 있다. 혹시 해양학에 새로이 눈을 떠서 환경 전문변호사가 될지 누가 알겠는가!

고지식한 성격을 고치기 위해서는 다른 사람의 시각으로 세상을 바라보며 하루를 지내보는 것도 훌륭한 치료방법 중 하나이다. 자신에게 낯익고 익숙한 견해와는 완전히 다른 의견을 제시한 책을 읽어본다.

    이보다 더 좋은 방법은 하루 동안 허락을 받아서 누군가의 그림자가 되어 보는 것이다. 누구라도 좋다. 그 사람은 당신의 배우자(자신의 배우자가 어떤 일을 하고 있는지 이해할 수 있는, 이 얼마나 좋은 방법인가)나 직장동료, 상사, 어머니, 친구, 경찰관, 이방인, 걸인일 수도 있다.

    이 과정을 거치고 나면 인생이 더 이상 예전과 똑같이 보이지 않을 것이다. 다른 사람에 대해서 더 깊은 이해와 존경심을 갖게 되는 것은 물론이고 자신의 주체성도 더욱 강화시킬 수 있을 것이다. 융통성 없이 흔들리지 않는 것을 힘으로 착각하지도 않을 것이다. 대신에 진정으로 마음을 열고 인생의 모든 경험을 받아들여 날마다 새로운 교훈을 얻고 그에 따르는 이익도 얻을 수 있을 것이다.

PART II

길을 찾는 일이건,

구멍 난 타이어를 갈아 끼우는 일이건,

남에게 도와달라고 하기보다는

내가 직접 하는 게 낫다.

다른 사람의 도움을 받으면

훨씬 쉽게 할 수 있는 일도

도움을 청하기보다는 직접 해결할 때가 더 많다.

도와주겠다고 해도

이를 받아들이는 경우는 드물다.

남에게 도와 달라는 말을 하기가 쉽지 않다

　누군가에게 도움을 요청하면 20분 만에 끝낼 수 있는 일을 5시간이 걸리더라도 직접 한다. 이렇게 자신을 힘들게 하면서도 남에게 도움을 청하기를 꺼리는 이유는 다음 중 하나이거나 복합적인 이유가 있다.

　첫째, 무력하거나 의존적인 사람으로 보이고 싶지 않기 때문이다. 도움을 요청하는 것은 곧 자신의 나약함을 드러내는 일이라고 생각한다. 스스로 자신의 재능과 능력을 의심하기 때문에 다른 사람들에게 이것을 알리고 싶지 않은 것이다.

　둘째, 다른 사람에게 도움을 받고 가까운 시일 안에 그에 걸맞은 보답을 하지 못하면 마음이 편치 않기 때문에 아예 도움받기를 거부하는 것이다. 이것 또한 스스로 자신의 가치를 낮게 평가하는 데서 비롯된 것으로, 그런 도움을 받을 자격이 없다고 생각하기 때문이다.

　셋째, 도움을 청했다가 거절 당할까 봐 두렵기 때문이다. 사람들이 자신에 대해 별 관심이 없다는 사실을 확인하기보다는 도와줄 거라는 믿음을 간직하고 싶은 것이다.

  넷째, 도움을 청하면 그 일의 결과가 오직 자신의 힘으로 이루어낸 것이라는 완전한 성취감을 느낄 수가 없기 때문이다. 완전히 자신의 힘으로 이뤄낸 성공이 아니라면 차라리 혼자 실패하는 것이 낫다고 생각하는 것이다. 그래서 일이 힘들어지면 남의 도움을 구하기 전에 아예 포기해 버리는 경향이 있다.

  다른 사람에게 도움을 청하면 의존심만 강해질 것이라 여긴다. 그리고 '이렇게 간단한 것조차 나 혼자 할 수 없다면 더 큰 일은 어떻게 할 수 있겠어?'라고 생각한다. 다른 사람들에게 도움을 요청하기 위해서는 기꺼이 위험을 감수하겠다는 마음이 필요하다. 요청이 받아들여진다는 보장은 없지만, 도움을 청하지 않으면 그 여부조차 알 수 없다. 거절을 당한다 해도 최소한 그 사람의 입장은 알았으니 기꺼이 도와줄 다른 사람을 찾을 수 있다.

  머뭇거리지 말고 주위 사람들에게 도움을 요청하고 부탁을 해보라. 그들이 당신의 진정한 친구라면 부탁을 거절하지 않을 것이다. 오히려 당신을 위해 무언가를 해줄 수 있다는 것을 기뻐할 수도 있다. 그럴 만한 사정이 안 된다면 적어도 설명을 해줄 것이다. 사람들이 언제나 당신을 도와주고 싶어 하며 도움을 요청해 오기를 기다린다는 사실을 알면 아마 놀랄 것이다.

  어쩌면 그동안 여러 번 당신을 도와주려고 했지만 너무나 독립적인(?) 당신 때문에 몇 번이나 망설이고 거절당할 때는 상처를 받았을지도 모른다.

사람들이 당신을 위해 요리를 하거나 계산을 하거나 자동차를 수리해준다고 해서 결코 당신에게 나쁜 일이 일어나지 않는다. 이렇게 해서 생긴 여가 시간에는 무언가 자신만을 위한 일을 하거나 휴식을 취해보라.

주위 사람의 도움을 기꺼이 받아들일 수 있을 때 자신과 맺는 관계뿐만 아니라 다른 사람과 맺는 관계도 성공할 수 있다.

어디로 가야 할지 확실히 알지도 못하면서
내 의견만을 고집한다.
다른 사람들이 내 사고방식을 이해하고
내 의견을 받아들이기만을 바란다.

내 말을 따르지 않으면
화가 난다

통제하는 것과 존중받는 것을 혼동하는 사람들이 있다. 대개 다른 사람에 대한 지배와 통제라는 형태로 나타난다. 자신의 생활에서 느끼는 무력감을 다른 사람의 생활을 통제함으로써 보상받으려고 하는 것이다. 자기가 통제권을 쥐고 있어야 한다는 생각에 집착해서 다른 사람들의 의견을 무시하고 자신이 우월하다는 생각에 빠져든다. 그리고 "당신은 아무것도 제대로 해낼 수 없어.", "그렇게 하지 말라고 내가 몇 번이나 말했지?", "신경 쓰지 마. 내가 할 테니까" 하고 말하며 사람들 일에 참견하고 자신의 생각을 강요한다. 나아가 자신의 생각과 조금이라도 어긋난 행동을 하면 참지 못하고 분통을 터뜨린다. 이런 사람에게 가장 잘 어울리는 말이 바로 '독재자'일 것이다. 단순히 열등감에 시달리는 사람만이 이런 신경질적인 증상을 나타내는 것은 아니다. 어느 누가 보기에도 성공과 부를 모두 거머쥐고 있는, 그래서 다른 사람에게 상당한 영향력을 발휘하는 사람도 항상 주변을 자기 생각대로 통제해야 한다는 생각에 사로잡혀

있는 경우가 많다.

이런 사람들의 내면에는 어떠한 상황에서도 완벽하게 지배력을 발휘하고자 하는 욕망이 자리 잡고 있다. 이미 다른 사람들에게 인정받는 '성공'이라는 단계에 올라섰지만 그것만으로는 부족하다는 생각을 품고 있기 때문이다.

그러나 다른 사람에게 자신의 생각을 관찰시키려고 애를 쓰면 쓸수록 자신과 주위 사람들을 힘들게 할 뿐이다. 잔소리나 고함, 억지는 오히려 다른 사람들로부터 자신을 더욱 멀어지게 한다. 남편이나 아내, 아이들이 무조건 자기 생각을 따라주기만을 바라는 것은 진실로 그들을 사랑하는 방법이 아니다. 강요와 고집은 서로에게 상처를 남기고 사랑하는 사람들 사이에 마음의 골만 깊이 파일 뿐이다.

타인을 자신의 통제 하에 두고 싶은 욕구에 시달리는 사람들은 자존심 테이프를 만들어보면 좋을 것이다. 자신의 삶에서 자신감이 부족하다는 생각을 떨쳐버리고 무력감에서 벗어날 수 있으면 다른 사람의 행동을 자기 뜻대로 움직이려는 고집으로부터도 자유로울 수 있다.

일단 과거를 들어보고 누구에게서 인정받기를 원했었는지 생각해 본다. 아직도 부모님이나 선생님, 혹은 다른 권위적인 인물로부터 인정을 받고 칭찬을 듣고 싶어 하는가? 아니면 상사나, 직장동료, 혹은 다른 어떤 사람? 그리고 정확히 어떤 식으로 그런 말을 듣고 싶은가?

자신에게 가장 중요한 사람들이 자신이 가장 듣기 원하는 말을 해주는 상황을 상상해서 적어본다. 자신이 얼마나 지적이며, 얼마나 무한한 재능을 가졌는지, 자신이 하고 있는 일이 얼마나 대단한지 등에 대해서도 테이프에 녹음을 한다.

테이프의 길이는 30분 정도가 적당하다. 녹음된 테이프를 적어도 하루에 한 번씩 듣는다. 가능한 한 감정을 풍부하게 담아 확신에 찬 어조로 녹음을 한 후, 테이프를 복사해서 사무실과 차 안, 그리고 집에도 하나씩 비치해둔다. 정신적으로나 육체적으로 지치고 피곤할 때, 자신감을 잃을 때마다 그 테이프를 들어본다. 틀림없이 자존심을 회복하고 다른 사람들에게 통제의 손길을 뻗치려는 욕구가 줄어드는 놀라운 효과가 나타날 것이다.

자신이 진정으로 누군가를 통제할 필요가 있다면, 세계적으로 유명한 지도자들의 자서전을 읽어보는 것도 좋다. 진정한 지도력이란 지배와 통제라기보다 다른 사람들을 보살피는 것이라는 사실을 알게 될 것이다. 인간에 대한 진정한 이해가 없이는 자신이나 타인을 통제할 수 없다.

외출 전에 늘 집 열쇠를 찾아
숨바꼭질을 하다가 겨우 찾아낸다.
주차 장소를 자주 잊어버려서
차를 찾아 헤매곤 한다는 것을 알면서도
늘 주차 장소를 눈여겨봐 주지 않는다.
절대로 잃어버려서는 안 되는 파일을
늘 찾아 헤매고 다닌다.
지갑이나 가방, 전화번호가 적힌 수첩 등
거의 모든 것을 엉뚱한 곳에 놓아두고 깜박한다.

물건을 제자리에 놓지 못하고
찾아 헤맨다

　사람마다 정도의 차이는 있지만, 어떤 일에 마음을 쓰거나 다른 생각에 골몰해서 물건을 놓은 곳을 깜박하고는 허둥대거나 간혹 정신없는 사람처럼 행동하는 것은 그다지 드문 일이 아니다. 그러나 계속해서 중요한 물건들을 엉뚱한 곳에 잘못 놓거나 잃어버린다면 그 원인을 심각하게 고려해봐야 한다.

　이런 사람들은 물건을 아무 데나 놓거나 주위를 기울이지 않으면서, 자꾸 작은 장애들을 만들어낸다. 문제의 물건이 발견되면 찾았다는 사실에 만족감까지 느낀다. 물건과 숨바꼭질을 하면서, 스스로 만들어낸 장애물을 해결함으로써 성취감을 느끼는 것이다. 가끔은 그런 자신에 대해 짜증이 나긴 하지만 왜 그런 행동을 반복하는지 살펴볼 생각은 좀처럼 하지 않는다.

　한 가지 예를 들어보자. 기분이 좋지도 나쁘지도 않은 그저 그런 기분으로 차를 몰고 있다. 백미러를 보니 뒤따라오는 경찰차가 보인다. 재수 없게 과속으로 걸린 것이다. 그런데 놀랍게도, 경고 한 마디만 듣고 딱지는 떼지 않는다. 이런 행운이 있을 수가? 기분이 말할 수 없이 좋아진다.

　이 경우는 스스로 만들어낸 것은 아니지만, 아무튼 이런 식으로 자신이 운이 좋다는 사실을 확인하고 결국에는 승리자가 되는 상황을 만들어보면 어떨까. 그런데 응급용 심장 약을 잃어버린다거나 중요한 물건을 바다에 빠뜨리는 결정적인 실수는 결코 저지르지 않는다. 단지 사소한 성취감을 느끼기 위해서 절대로 치명적이지 않은 하찮은 문제들을 만들어내는 것이다. 인생이 크게 혼란스러워지거나 방해받지 않는 선에서 문제를 해결할 수 있고 잃어버린 물건을 찾는 것만으로도 이런 만족감을 느낄 수 있다. 하지만 문제는 이러한 행동들이 쌓이고 쌓이면 그런 만족감 정도로 끝나는 게 아니라 결국 심각한 상태로까지 도달할 수 있다는 데 있다.

　잃어버린 서류를 찾아 헤매는 것이 정말 지겹고, 열쇠를 아무데나 던져놓고 집 앞에서 발을 동동 구르는 자신의 한심한 모습을 견딜 수 없다면, 어디에 물건을 놓았는지 기억해 놓을 수 있는 자기만의 방법을 몇 가지 찾아보자.

　예를 들면, 다음에 열쇠를 놓아둘 때는 부엌 선반 위에 올려놓고 10번 정도 반복해서 다음과 같이 말한다. "나는 선반 위에다 무엇을 놓았는지 알고 있다." 그리고 나서 열쇠들이 살아 움직이며 선반 위에서 훈제 샌드위치를 먹는 장면을 상상해본다. 혹은 열쇠를 책상 위에 놓는다면 그 열쇠들이 계산기를 두드려대는 장면을 상상하면서 다시 위와 같은 문장을 되풀이 한다. 우스꽝스러운 상상일수록 효과가 크다. 주차를 할 때도 같은 방법을 적용해보라.

더 나은 방법은 녹음기나 메모지를 이용하는 것이다. "A18 구역에 주차했다." 혹은 "내 차는 세 번째 조명등에서 오른쪽으로 20미터쯤 떨어진 곳에 있다"고 녹음이나 메모를 해두는 것이다.

이러한 우스꽝스런 상상이나 메모마저도 자신에게는 별 도움이 되지 않을 경우에는 물건을 두는 장소를 정해놓고 절대로 다른 장소에 놓는 실수를 저지르지 않도록 한다. 새장에서 낚시를 하는 사람이 없듯이, 항상 같은 장소를 이용해야 한다.

항상 차고로 통하는 문 옆의 고리에 열쇠를 걸어놓고(다른 장소에 여분의 열쇠 하나를 보관하는 것도 만약의 사태를 대비할 수 있는 방법이다.) 지갑은 침실 옷장 안의 선반에 놓는다. 물건들을 사용하지 않는 동안에는 항상 지정된 장소에 놔두어야 한다는 사실을 명심하라. 이 모든 과정을 거치고 나면 그 장소만 떠올리면 된다.

내가 한 일이나 외모에 대한
칭찬을 들으면 불편하다.
단지 예의상 그러는 것일 뿐이라고 생각한다.
일을 잘 처리하고도
누군가 칭찬의 말을 건네면 겸손을 떤다.
사실 그런 얘기를 들으면
기분이 좋은 것은 사실이지만
왠지 마음이 편하지 않다.

칭찬이나 찬사를 들으면
왠지 마음이 불안하다

남들로부터 칭찬을 받을 때 어떤 태도를 취하는가를 보면 그 사람에 대하여 많은 것을 알 수 있다. 유달리 칭찬받는 것을 어색해 하거나 당황하는 사람들이 많다. 자신은 칭찬받을 만한 자격이 없다고 생각하기 때문에 아예 상대방의 말을 부정하고 나서는 것이다.

이러한 사람들의 내면에는 한편으로는 칭찬받기를 갈구하지만, 다른 한편으로는 칭찬받는 것을 거부하는 이중성이 잠재되어 있다. 자존심이 부족한 사람들이 특히 이러한 이중성의 딜레마에 빠지는 경우가 많다.

내심으로는 자신의 외모나 업적에 대해 감탄 섞인 찬사를 받고 싶어 하면서도 정작 자신의 노력에 대한 칭찬이라도 건넬라치면 "누가 했더라도 이 정도는 했을 겁니다." 혹은 "농담이죠?"라는 말로 응수한다. 물론 상대방은 이러한 당신의 반응을 겸손으로 받아들일 수도 있다. 그러나 정도가 지나친 겸손은 오히려 상대의 호의를 무색하게 만들고, 어쩌면 '이 친구, 겸손이라고 하기엔 너무 심하군. 혹시 내말을 비꼬고 있는 것 아니야'라는 생각을 하게 될지도 모른다.

자신에 관한 것보다는 자신이 한 일에 대해서 칭찬을 듣는 것을 더 편하게 생각한다. 누군가가 자신의 셔츠가 멋지다고 칭찬을 했다고 하자. 그 셔츠가 자신에게 잘 어울린다고 하면 그 말을 극구 부인하는 사람들이 있다. 단지 칭찬뿐만이 아니라 사람들이 자신에게 너무 잘 대해주는 것까지도 불편해한다. 심지어 식당에서 웨이터가 너무 친절하게 대해도 당황한다. 그런 서비스가 자신에게 과분하다고 생각하기 때문이다.

자신을 향한 좋은 감정을 그대로 받아들이지 못하고 그 사람의 마음마저 언짢게 만드는 습관을 고치기 위해서는 '고맙습니다'라는 말로 간단하게 받아넘기는 지혜가 필요하다. 누군가 과장된 칭찬의 말을 쏟아붓건, 단순히 자신의 옷을 칭찬하건 어떤 경우라도 그냥 밝은 미소와 함께 우아하게 '고맙습니다'라고 대답하자. 빈말이나 아첨이 아닌지, 아니면 무언가 숨겨진 의도가 있는 것은 아닌지 의심할 필요는 없다.

가령 초대를 거절하는 것이 더할 수 없이 무례한 행동으로 간주되는 나라를 여행 중이라고 생각해보자. 이런 나라에서는 칭찬에 대해 부정적인 반응을 보이는 것도 이기적이고 배은망덕한 행동으로 받아들인다.

우선 자신의 마음을 가만히 들여다보라. 그리고 솔직하게 대답해보자. 칭찬에 대해 일단 부정을 하고 나서는 것이 상대로 하여금 다시 한 번 당신을 향한 찬사를 반복하게 만들고, 이를 통해 자신의 뛰어난 능력을 '확인'하려는 정직하지 못한 의도가 깔려 있는 것은 아닐까. "농담이라뇨. 절대 그렇지 않습니다. 당신의 솜씨는 정말 뛰어납니다"라는 상대의 이야기는 당신의 마음을 흡족하게 해줄 테니까. 터무니없이 자신을 비하하는 것도 마찬가지이다. 이를테면 "저번에는 정말 미용실을 잘못 골랐어. 머리 모양이 완전히 괴물처럼 변해 버렸다니까"라고 말하면, "아니, 내가 보기에는 너한테 정말 잘 어울리는데, 정말 예쁘다"라는 대답을 얻어낼 수 있으니까 말이다.

그러나 결국에는 자기가 만든 덫에 자신이 걸려들고 마는 꼴이 될 수도 있다. 사람들은 곧 당신의 의도를 알아챌 뿐 아니라, 당신의 말을 곧이곧대로 믿고서 단번에 생각 없이(?) 동의해 버릴 수도 있다.

"나는 너무나 덜렁대고, 제대로 해내는 일이라고는 하나도 없는 인생의 낙오자에 불과하다"라고 사람들에게 말하고 다녀보라. 머지않아 당신은 회사에서 '그런' 사람으로 소문이 날 것이다.

혹시 당신 자신이 다른 사람에 대한 칭찬에 인색한 사람은 아닌가? 칭찬받는 것을 불편해하는 사람은 다른 사람을 칭찬하는 것도 어색해하는 법이다. 자신이 얼마나 자주 격려와 칭찬의 말을 주위 사람에게 건네는지 떠올려보자.

그런 기억이 그다지 많지 않다면 지금부터라도 당장 처음 만나는 사람에게서 칭찬할 만한 것을 찾아내어 그에게 얘기해보자. 이것은 다른 사람들이 칭찬을 얼마나 자연스럽게 받아들이는가를 배우기 위한 좋은 방법이며, 다른 사람을 칭찬하는 방법을 연마하기에 훌륭한 방법이기도 하다.

"당신은 정말 존경스럽군요.", "당신처럼 그렇게 하는 법을 배우고 싶어요.", "정말 대단하군요.", "당신 같은 사람은 본적이 없어요." 가능한 한 칭찬의 말을 아끼지 말라. 거부감을 불러일으키거나 지나친 아부처럼 느껴지지 않도록 주의하기만 한다면, 당신의 한마디가 당신과 주위 사람들의 마음을 즐거움으로 가득 차게 만들어줄 것이다. 진심어린 칭찬을 기쁘게 받아들이지 않을 사람은 없다.

적극적인 소통하는 방법

1. 경청하기:

   상대방의 말을 주의 깊게 듣고, 이해하려는 태도를 가지세요. 질문을 통해 더 깊이 파악하는 것도 좋습니다.

2. 명확하게 전달하기:

   자신의 생각이나 의견을 명확하고 간결하게 표현하세요. 모호한 표현은 오해를 불러일으킬 수 있습니다.

3. 적극적인 태도 보여주기:

   대화에 적극적으로 참여하고, 관심을 가지고 있다는 신호를 보내세요. 예를 들어, 고개를 끄덕이거나 적절한 질문을 하는 것도 도움이 됩니다.

4. 피드백 제공하기:

   상대방의 말에 대해 긍정적이거나 건설적인 피드백을 주세요. 이는 신뢰를 쌓는 데 중요합니다.

5. 공감 표현하기:

   상대방의 감정이나 입장을 이해하고 있다는 것을 보여주는 공감 표현을 사용하세요.

6. 비언어적 신호 활용하기:

   눈맞춤, 표정, 몸짓 등 비언어적 신호도 적극적인 소통에 큰 역할을 합니다.

여러 명의 친구들과 모여 함께 식사를 하고
떠들썩하게 얘기를 나누며
즐거운 시간을 보내면서도 왠지 나 자신이
정말 그 자리에 있는 것 같지 않다.
즐거움에 완전하게 몰입하지를 못한다.
항상 무언가 부족한 것 같고,
지금의 모습이 아닌 다른 어떤 것이
바로 나 자신인 것처럼 느껴진다.

많은 사람들에 둘러싸여
웃고 떠들어도 나는 외롭다

여러 사람과 함께 있는데도 자신은 혼자라는 생각에 빠져들거나 이 때문에 쉽게 고립감을 느끼는 사람들은, 자신과의 연결점을 찾지 못하기 때문에 다른 사람과의 관계도 유지하기 어렵다.

대화를 하는 중에도 사람들이 자신의 말을 듣고 있지 않는 것 같고 사적인 관계나 공식적인 관계에서도 자신이 무시당하고 인정받지 못한다고 생각한다. 그리고 관심의 대상이 되고 칭찬받기를 원하면서도 자신은 그럴 만한 자격이 없다고 생각한다. 이런 사람들은 덤벙대거나 정신없이 산만한 사람으로 여겨지기도 한다. 이처럼 자신이 육체적으로 왜소하고 가치 없는 존재로 느껴진다는 것은 스스로에 대한 확신이 부족하다는 것을 의미한다.

자신이 주변 사람들의 이목을 끌지 못하고 하찮고 미미한 존재로 여겨지는 것처럼 느껴진다면, 우선 자신의 몸짓이나 표정이 어떤지 살펴볼 필요가 있다. 자신이라면 어떤 사람, 즉 어떤 표정, 어떤 말투, 어떤 태도의 사람에게 더 끌릴 것 같은지 생각해보자. 똑바로 서서 상대방의 얼굴을 정면으로 쳐다보며 분명하게 말하는 사람? 아니면 구부정하게 서서 앞뒤가 맞지 않은 말을 알아듣기 어려운 소리로 중얼거리며 눈길을 피하거나, 노트르담의 꼽추처럼 행동하는 사람? 만일 이런 식으로 자기를 초라하게 만든다면 상대방 역시 당신과 같이 있는 것이 불편할 것이다. 그리고 결국에는 이러한 상대방의 반응에 상처를 받은 당신은 더욱 자신감을 잃고 부정적인 이미지만 부각시키는 악순환이 되풀이 될 뿐이다.

해답은 간단하다. 사람들 앞에 서서 말하고, 행동하는 태도를 변화시켜야 이런 악순환으로부터 벗어날 수 있다. '자신이 없어서…'라는 말은 문제 해결에 아무 도움이 안 된다. 당신이 변하지 않으면, 사람들의 태도 역시 달라지기 어렵다. 당장 사람들 앞에 설 자신이 없으면, 자신 있게 행동하는 것이 익숙해질 때까지 혼자 연습을 해보자.

집에 커다란 거울을 사다놓고 그 앞에 서서 말하는 태도나 표정을 연습해보자. 그러고 나서 친한 친구나 가족들 앞에서 자신이 연습한 것을 시도해보고, 그 다음에는 친구들과의 모임, 동창회 등 점차 활동 무대(?)를 넓히면서 자신의 새로운 모습을 선보인다.

자신감이란 그야말로 뜨거운 사막 한가운데 서 있는 나무의 시원한 그늘과도 같은 것이다. 자신감이 넘치는 당신 주위에 사람들이 모여들 것이 분명하다.

언제나 고독감에 시달리는 근본적인 원인 중 하나는 자신감 부족이다. 자신에 관해 마음에 드는 점을 적어서 거울에 붙여놓고 거울을 볼 때마다 그 글을 읽어보자.

일기를 쓰기 시작하거나 그것이 부담스럽다면 하루 일과를 마치고 나서 간단하게 그날 한 일 중 가장 뿌듯한 일을 몇 가지 써보는 것도 괜찮은 방법이다. 이렇게 한 달만 쓰고 나서, 나중에 다시 읽어보면 자신이 얼마나 대단한 사람인지 놀라게 될 것이다.

나는 최선을 다했다.
그렇지만 일이 잘못된 것에 대해서는
도저히 나 자신을 용서할 수가 없다.
언제나 나의 업무 수행방식이나
외모, 그리고 행동에 대해서
내가 가장 혹독한 평가를 내린다.
99가지 일을 완벽하게 해내고도
100번째 일을 약간이라도 망치면
그 일에 대해서만 집착하며 후회하곤 한다.

100가지 중 하나만 잘못돼도
그것에 집착한다

지나온 일들에 대해 털끝만큼도 후회하지 않는 사람은 없다. 자잘한 일상에서부터 중요한 문제에 이르기까지 왜 그렇게 바보같이 굴었는지 후회와 반성으로 가슴을 치며 자신을 못살게 군 경험은 누구에게나 있다.

순간순간을 일일이 되새겨보며 혹시 실수한 것은 없는지 걱정하거나 매일매일을 반성과 후회로 마감하는 경우도 있다. 이러한 증상이 심각해지면 마음의 병이 될 뿐만 아니라, 삶 자체까지 그릇된 방향으로 나아가는 결과를 초래한다.

이는 대개 자신에 대해서 갖는 기대감과 다른 사람들이 자신에게 거는 기대감에 끌려 다니는 데서 비롯되는 현상이다. 항상 자신에 대한 기준이나 주변의 기대를 만족시킨 적이 없다고 생각하고, 자신이 설정한 어떤 기대에 못 미치면 자기를 스스로 질책한다. 현재 하고 있는 일과 해야 한다고 생각하는 일 사이에 끼어 바동거리고 있다.

이런 상태에서 헤어 나오지 못하고 계속 허우적대는 사람들은 자신이 한 일을 비난하기에 급급하며 자신이 이룩해 놓은 업적은 결코 인정하지 않는다.

스스로 도전할 수 없는 기대에게만 집착하기 때문에 진정한 자기 모습은 더더욱 알지 못한다. 삶이란 기대와 결과 사이에 벌어지는 전쟁의 연속이며, 자신은 그 전투에서 항상 패배하기만 한다고 믿는다.

높은 기대 수준은 성공을 향한 추진력으로 작용하기도 하지만, 실제로 그다지 잘해내고 있지 못한 자신의 현재 모습을 더욱 실감하게 만들기도 한다. 어느 정도 시간이 지나고 나면 자신이 결코 얻을 수 없는 목표를 추구해봤자 부질없다는 생각마저 한다.

한편, 다른 사람이 자신에게 화를 내지 못하도록 기선 제압용(?)으로 미리 자신에게 비난을 가하는 것일 수도 있다. 자책에 빠져 있는 사람을 비난할 정도로 냉정한 사람은 없으니까 말이다. 공공연하게 자신을 비난하고 나서면 다른 사람들은 "자신을 너무 학대하지 말라"는 태도를 취하기 마련이다.

이런 사람들은 자신의 마음과 생각 속에서 스스로 격렬한 논쟁을 벌이곤 한다. 자신의 마음속에서 이미 승패가 모두 결정되고, 그 결과가 현실에서 그대로 나타나도 예상한 일이므로 괜찮다고 변경할 수 있으니까 말이다.

그렇다면 이제부터라도 자신의 편에 설 필요가 있다. 자신을 적으로 삼지 않아도 인생은 충분히 힘겨운 것이다.

우선 비현실적인 기대감으로 자신을 해방시키자. 어린 시절에 "넌 아직 멀었다"라는 말을 수없이 듣고 자라지는 않았는가? 받아쓰기에서 95점을 받고 의기양양해서 집으로 돌아오면, 100점이 아니라는 이유로 부모님이 실망하시지는 않았는가? 스스로 재능이나 욕심이 없는데도 학교 축구팀의 대표선수로 뽑힐 것이라는 부모님의 버거운 기대감 때문에 위축된 적은 없었는가? 지금껏 살아오는 동안 그와 같은 기대로 자신을 질책해서 무엇을 얻었는지 생각해보자. 그리고 그 결과가 자신을 격려해주었는지 아니면 의욕을 저하시켰는지 살펴보자.

당신의 마음을 무겁게 짓누르는 과거, 또는 현재의 잘못된 기대에서 벗어나보자. 자신의 해방을 선언하는 독립선언문을 작성해보자. 몇 년 동안 당신을 괴롭혀온 낡은 기대감들을 모두 적고 그 위에 검은색으로 커다랗게 가위표를 쳐보자. 그리고 오늘을 새 삶이 시작되는 첫날로 삼아라. 이제 당신은 다시 태어나는 것이다. 자신을 위한 새로운 목표를 설정하고 그 목표를 설정하기 위해 새로운 전략을 세운 사실을 축하하자.

하루 일과를 끝내고 나서, 말하고, 행동하고, 생각한 것 중에 좋은 결과가 나온 일들을 모두 적어보는 방법도 있다. 그것을 종이의 한쪽에 적고, 반대쪽에는 자신의 기대만큼 결과가 나오지 않은 일들을 적어본다. 그러고 나서 양쪽을 비교해가며 어느 쪽이 더 많이 채워졌는지 살펴본다. 좋은 결과가 많다면 기뻐하고, 나쁜 결과가 더 많다면 내일 더 열심히 노력하라.

적절한 자기 표현 방법

1. 명확하고 간결하게 말하기:

   자신의 생각이나 감정을 전달할 때는 핵심을 명확하게 전달하는 것이 좋습니다. 너무 길거나 복잡한 표현은 오히려 혼란을 줄 수 있어요.

2. 적절한 톤과 태도 유지하기:

   친근하면서도 존중하는 태도를 유지하는 것이 중요합니다. 특히 공식적인 자리에서는 정중한 표현을 사용하는 것이 좋아요.

3. 자신의 강점과 성취 강조하기:

   자신이 어떤 능력이나 성과를 가지고 있는지 구체적으로 이야기하면 신뢰를 얻을 수 있습니다.

4. 경청과 공감 표현하기:

   상대방의 말을 잘 듣고, 이해와 공감을 보여주는 것도 효과적인 자기 표현 방법입니다.

5. 긍정적인 언어 사용하기:

   부정적인 표현보다는 긍정적이고 건설적인 말을 사용하는 것이 좋습니다.

PART III

누군가 조금만 방향을 제시해준다면

한결 효율적이고 생산적으로 일할 수 있을 것 같다.

감독자의 지시가 없거나 어떤 조직에 속하지 않으면

일을 하는 데 어려움을 겪는다.

언제까지 무엇을 하라고 말해주는 사람이 있다면

즉시 그 일에 착수할 것이다.

그러나 나 스스로 결정해야 하는 경우에는

언제나 일을 미루게 되고

형편없이 처리하게 될까 봐 불안해진다.

스스로 판단하기보다
지시를 따르는 것이 마음 편하다

자신에게는 명령을 내리고 구속해줄 조직이 필요하다고 생각한다. 자신이 무엇을 해야 하는지, 그리고 어떻게 해야 하는지 누군가가 말해준다면 어떤 일이라도 잘 해낼 수 있을 것 같다.

그러나 이런 사람이 진짜로 원하고 필요로 하는 것은 조직 그 자체가 아니라, 그저 조직에 소속되는 것이다. 무엇을 어떻게 하라고 지시해줄 누군가가 있다는 것은, 일을 해냈을 때 "잘했다"고 말해줄 사람이 있다는 얘기다.

뚜렷한 삶의 목표를 가지고 그것을 이룩하기 위해 노력하는 것이 아니라, 오직 다른 사람에게 인정받는 것이 목적이기 때문에 누군가의 지시가 없으면 일을 제대로 처리할 자신이 없다. 자신만의 아이디어로는 어딘가 부족한 것 같고, 심지어 자신은 다 틀리고 남들의 이야기는 무조건 옳은 것 같다. 자신의 생각은 실행할 만한 가치가 없다고 여긴다. 따라서 어떤 일이든지 다른 사람의 감독을 받아야만 안심이 되는 것이다.

게다가 조직은 안정된 틀을 마련해준다. 혼자 선택하는 자유가 주어지면 어떤 일을 하고 나서 후회할 수도 있고 때로는 혼란에 빠질 수도 있다. 그러나 조직은 자신의 생각과 행동을 제한하여 자신이 결정하기 힘든 여러 가지 선택을 대신 해준다.

따라서 어떤 일에 대해서 후회하거나 걱정할 필요가 없다. 그저 자신은 지시받은 대로 하면 될 뿐, 결과가 어찌되든 상관없다. 그리고 만약 일이 잘못되더라도 책임과 비난을 타인에게 전가하거나 적어도 책임을 나눌 수 있다.

그러나 피동적인 삶에는 한계가 있다. 언제까지고 자신에게 지시를 내려줄 존재가 자신의 주위에 있으리라는 보장도 없다. 자신에게 조직이 필요하다는 생각에 얽매이는 것은, 어쩌면 단지 조직이 아니라 그 이상의 무언가가 결여되어 있다고 느끼기 때문일 것이다. 일을 해나가는 과정에서 자신이 하고 있는 일이 정말 중요한 것이라는 확신, 정말로 의미 있는 일이라는 느낌을 잃어가고 있는 것일 수도 있다. 자기를 스스로 이끌어갈 만한 확신이 없어지면 자연히 나아가야 할 방향도 잃어버린다.

그렇다면 단지 어떤 조직에 속해 있다고 해서, 그 조직이 지시를 하는 대로 따른다고 해서 문제가 해결되는 것은 아니다. 내면의 나침반을 잃어버리면 결국에는 자신이 다다른 곳이 어디인지 알지 못한다.

지금 당장 자신의 가장 중요한 목표를 점검하라. 그 목표가 왜 그렇게 중요하며 그 목표를 성취함으로써 무엇을 얻을 수 있는지, 그리고 그것이 정말로 자신이 최고의 가치를 부여할 만한 의미를 가지고 있는 것인지 알아야만 한다.

   자신의 목표가 정말로 의미 있는 것이라고 생각한다면 적극적으로 그 일을 추진하라. 분명한 목적의식이 없다는 사실을 아는 것 또한 중요한 발견이다. 그렇다면 자신이 정말로 원하는 새로운 목표를 설정해야 한다. 목표와 목표 성취에 충분한 이유가 있다면 그 어떤 일도 할 수 있다. 굳이 타인으로부터 인정을 받을 필요는 없다. 자신의 목표가 얼마나 가치가 있는 것인지 깨닫게 된다면, 그 목표를 이루는 과정에서 자신을 인정하게 될 것이다.

화를 내고는 그 상태를 즐기는 나 자신을 발견한다.
나를 화나게 만든 문제가 해결된 이후라에도
한참 동안 화가 난 상태를 즐긴다.
화를 내면 보다 힘 있는 사람이 되는 것 같다.

화가 난 상태를
즐기기도 한다

사람들은 타인으로부터 받은 상처, 죄책감, 불안감, 무기력, 배신감 등 여러 가지 이유로 화를 낸다. 분노는 자신이 처한 상황에 대한 자연스럽고 건전한 반응이기도 하지만, 이러한 감정을 계속 끌고 나가면서 자신과 타인을 괴롭히기도 한다. 그때는 결코 바람직하지 않은 감정이다. 만일 이런 상태가 지속된다면 심리적인 측면에서 뿐만 아니라 육체적으로도 병이 날 수도 있다.

계속해서 화를 내는 데는 몇 가지 이유가 있다. 분노란 마치 강력한 폭풍우와 같아서 스스로 인정하고 싶지 않은 감정들을 억압한다. 특히 열등감을 느끼는 사람이나 우울증에 시달리는 사람들은 자신의 불안한 심리상태를 통해 숨기려고 한다. 감정적인 공허감 때문일 수도 있다.

분노는 무언가 자신이 살아 있다는 느낌을 갖게 해준다. 소리를 지르고 얼굴을 붉히는 모습, 그러한 자신에 대한 사람들의 관심과 다양한 반응을 통해 자신의 존재를 확인하는 것이다.

때로는 답답한 상황에서 탈출하기 위해서는 분노나 끔찍한 감정의 자극이 필요하다는 환상에 사로잡혀 있는 경우도 있다. 삶에 변화를 가져오기 위해 스스로를 자극하기에 충분한 고통을 자초하는 것이다.

열등감의 사슬에서 놓여나지 못하는 사람들은 자신의 말에 귀를 귀울이거나 자신을 존중하는 유일한 방법으로 분노를 선택한다. 화를 내지 않으면, 아무도 자신에게 신경을 쓰지 않으며 자신에 대해 진지하게 대하지 않는다고 생각하는 것이다.

그러나 사람들에게 고함을 지르고 자신의 감정을 폭발시킨 후에는 또다시 죄책감에 시달리며, 결국 더욱 고립된 자신을 발견하고 절망감에 빠져들어 간다. 이유 없는 분노는 불안함과 두려움의 악순환의 고리를 더 튼튼하게 만들 뿐이다.

평화롭고 만족스런 삶에서 점점 멀어지게 만드는 행동을 중지하기 위해서는 우선 자신이 분통을 터뜨리는 때가 과연 언제인지 자세하게 체크해봐야 한다. 어떤 사건이나 상황 때문인지, 화가 치밀어 오르기 바로 직전에 자신이 정확히 무슨 감정을 느끼고 있었는지 확인한다. 그리고 정말로 화를 냄으로써 자신이 입은 상처나 공허감, 죄책감이나 공포와 같은 감정들을 날려버릴 수 있는지 자세히 들여다본다.

지나친 분노는 공포심에서 폭발한다. 겁을 집어먹지 않은 채 단순히 화가 나는 것은 불가능하다. 그렇다면 무엇이 자신을 두려움에 떨게 하는지 그 원인을 알아내고 그것을 객관적으로 관찰해야 한다. 일단 자신을 '헐크로 탈바꿈하게 만드는 원인'을 정확하게 알고 있는 것만으로도 많은 도움이 된다. 인식한다는 것은 강력한 무기이다. 더 이상 부정적인 감정으로부터 도망치려고 애쓰지 말고 자신의 감정에 솔직해질 필요가 있다. 그리고 자신을 불행에 빠뜨리는 부정적인 감정을 조절해야 한다.

자동차의 타이어를 고칠 때가 되었다면 지금 당장 고쳐라. 장거리를 주행하는 중에 타이어가 터져 야단법석을 떨며 모두를 곤경에 빠뜨릴 때까지 기다릴 이유는 없다.

거친 말과 비뚤어진 행동만이 사람들의 이목을 끄는 유일한 수단은 아니다. 쓸데없이 어깨에 힘을 주는 사람이야말로 진짜 겁쟁이라는 것은 누구나 알고 있는 사실이다. 강철 같은 강인함이 담긴 신중하고 조용한 말이야말로 존경받는다. 바로 여기에 다른 사람과의 관계를 풀어나가는 열쇠가 담겨 있다.

불같이 치솟는 건물에 뛰어들어
의식을 잃고 쓰러져 있는 사람을 구한다거나
달리는 차에 치일 뻔한 사람을
살려내는 상상을 하곤 한다.
나하고 관련이 있건 없건 싸움이나
논쟁을 해결하고 분쟁을
누그러뜨리는 주인공이 되고 싶다.

위험에 빠진 사람들을
구출하는 공상에 빠지곤 한다

자신이 그다지 특별하지 않다거나 남의 주목을 끌만한 사람이 아니라고 생각하는 사람들이 대개 이러한 상상에 빠지는 경향이 있다. 남들로부터 대단한 사람이라고 인정받기 위해서는 굉장한 일을 해야 한다고 생각하기 때문이다. 그래서 곤란에 빠진 사람들을 도와줄 수 있는, 그야말로 드라마틱하고 감동적인 상황이 생기기를 갈망한다.

사람들은 자신이 원하는 대로 주목을 받지 못하면 여러 가지 반응을 보인다. 아기는 울고, 어린아이는 소란을 피우며, 10대들은 반항한다. 하지만 어른들의 경우에는 다른 사람으로부터 무시당하거나 소홀히 대접받는다고 느끼면, 현실 속의 초라한 모습을 잊어버릴 수 있는 상상의 세계 속으로 들어가 위험에 빠진 사람을 극적으로 구출해내고 사람들로부터 갈채를 받는 영웅의 모습을 꿈꾼다.

서른한 살의 경비원 피터는 주말이면 양로원에서 봉사활동을 했다.

그런데 이상하게도 그가 양로원에 봉사를 하러 가는 토요일 오후만 되면 화재경보기가 울려댔고, 그때마다 멋진 경비원복장을 한 피터가 층마다 돌아다니면서 자신이 모든 것을 처리했다며 놀란 노인들을 안심시켰다. 화재 신고를 받고 출동한 소방대원들은 불이 나지도 않았는데 제멋대로 울리는 경보기 때문에 허탕을 치고 돌아가기 일쑤였다.

나중에서야 피터가 고의로 화재경보기를 울렸다는 사실이 밝혀졌다. 그는 마치 영웅처럼 행동하면서 다른 사람들에게 자신이 얼마나 중요한 사람인지를 알리고, 그와 더불어 존경어린 시선을 받는 주인공이 되고 싶었던 것이다.

이런 경우라면 우선 자신 안에 잠들어 있는 '영웅'의 모습을 일깨울 필요가 있다. 일단 어린 시절부터 자신의 마음을 사로잡고 영향을 끼쳐온 인물들을 모두 생각해낸다. 실존인물이건 가공인물이건 상관없다. 슈퍼맨, 마틴 루터킹, 잔다르크, 마이클 조던, 혹은 할아버지, 할머니라도 좋다. 그리고 왜 그 사람이 머릿속에 떠올랐는지 그 이유를 자세히 연구해본다. 초인적인 힘, 지도력, 용기, 뛰어난 기술, 동정심, 아니면 인내심? 과연 그들의 어떠한 면이 위대하게 보이는지 생각나는 대로 모두 적어보자.

목록을 다 작성하고 나면 이러한 특징들 중 슈퍼맨의 투시력이라든지 엄청난 괴력 같은, 전혀 불가능해 보이는 것들을 하나씩 지워나간다. 그리고 지금이라도 당장 쉽게 연마할 수 있는 특징은 어떠한 것들이 있는지 동그라미를 쳐보라. 예를 들면, 지도력을 강화시키는 데 달리는 차를 앞지르거나 사물을 투시하는 능력 같은 것은 필요하지 않다. 이렇게 자신의 우상이 가진 특성을 알아내는 과정을 통해 자신도 그런 특성을 갖고 있을 가능성이 높다는 사실을 발견할 수도 있다.

가령 목록작성을 통해 자신에게 지도력의 가능성이 보인다면, 직장에서 새로운 일을 기획할 경우에 주도적 역할을 맡는다든지 하는 방법으로 그 능력을 연마하고 활용할 수 있는 기회를 적극적으로 찾아보자. 그러면 슈퍼맨으로 변신하는 꿈을 꾸지 않더라도 하늘에 오른 듯한 기분을 느끼게 될 것이다.

새삼스러운 이야기지만, 굳이 사회적으로 알려진 유명한 사람이 아니더라도 우리 주위에는 그 누구 못지않게 훌륭한 삶을 살아가는 '작은 영웅'들이 많이 있다.

매일 동네에서 마주치는 이웃이 불우한 사람들을 아주 헌신적으로 도와주는 사람일 수도 있고, 목숨을 걸고 일하는 소방관일 수도 있다. 달리는 자동차에 뛰어든다든지 초인적인 힘을 발휘하는 것만이 영웅적인 행동은 아니다. 중요한 것은 다른 사람에게 도움을 주고자 하는 마음이다.

예를 들면, 자신이 할 수 있는 가장 영웅적인 행동 중 하나는 골수 기증자가 되는 것일 수도 있다. 물론 이것이 아주 쉽고 간단한 방법은 아니지만, 절박하게 도움을 필요로 하는 누군가에게 말 그대로 생명을 선물해줄 수 있는 것이다. 심폐소생술이나 긴급한 상황에서 도움이 될 만한 기술을 배우는 것도 매우 현실적이고도 현명한 방법이다.

일상생활의 작은 실천으로도 얼마든지 주변에 힘이 될 수 있다는 사실을 깨닫는다면, 존재하지도 않는 '초인적인 힘'에 대한 공상에 낭비하는 시간을 좀 더 실질적인 일에 쏟을 수 있을 것이다.

스트레스 관리 방법

1. **규칙적인 운동:**
   걷기, 요가, 수영 등 가벼운 운동은 스트레스를 해소하는 데 도움을 줍니다.

2. **충분한 수면:**
   규칙적인 수면 습관을 유지하여 몸과 마음을 회복하세요.

3. **명상과 호흡법:**
   깊은 호흡이나 명상은 긴장을 풀고 마음을 안정시키는 데 효과적입니다.

4. **건강한 식습관:**
   균형 잡힌 식단은 신체적, 정신적 건강을 지원합니다.

5. **시간 관리:**
   우선순위를 정하고 계획을 세워 스트레스를 줄이세요.

6. **취미 활동:**
   음악 감상, 독서, 그림 그리기 등 즐거운 활동으로 마음의 여유를 가지세요.

7. **사회적 교류:**
   친구나 가족과의 대화는 정서적 지지를 제공하며 스트레스를 완화하는 데 도움을 줍니다.

8. **전문가 상담:**
   지속적인 스트레스가 해소되지 않거나 심리적 어려움이 있다면 전문가의 도움을 받는 것도 좋은 방법입니다.

남의 마음을 읽을 수 있는 독심술이 생긴다면
얼마나 좋을까 하고 가끔 생각한다.
단지 생각만으로 물건을 움직인다거나
단 한 번의 손길만으로
병든 사람을 치료하는 능력,
벽을 뚫고 걷는다거나 미래를 예언하는 능력을
발휘하는 내 모습을 상상해보곤 한다.

초능력이나 텔레파시 같은
능력이 생기기를 바란다

언젠가 한 마술사가 중국 만리장성의 벽을 뚫고 통과하는 장면을 텔레비전에서 본적이 있다. 만약 내게 벽을 뚫고 걸을 수 있는 능력이 생긴다면? 물론 재미있을 것이다. 그 발상 자체는 매우 흥미롭다. 때로는 지루한 일상을 벗어나 상상의 세계에서 마음껏 하늘을 날아보는 것도 그리 나쁘지 않을 것이다. 그러나 현실에서는 불가능한 만화 같은 상상에 지나치게 사로잡혀 있다면, 이는 당신 안에 무언가 다른 심리적 이유가 자리 잡고 있기 때문이다. 즉, 다른 사람과 대등하게 경쟁할 만한 능력이 없다고 단정해서 남들보다 우위에 설 수 있는 능력을 가진 자신의 모습을 꿈꾸는 것이다. 보통 사람으로서는 상상도 할 수 없는 특별한 능력이 생긴다면 남들보다 부족한 점을 보상받고 자신의 인생이나 주변에서 벌어지는 상황을 강력하게 통제할 수 있으리라 믿는 것이다.

이러한 사람들은 일상생활에서 자주 무력감에 시달리곤 한다.

생활 속에서 부딪치는 모든 일들이 자신과는 무관하게 일어나고 자신의 의지와는 상관없는 방향으로 흘러가 버린다고 생각한다. 게다가 수많은 군중 속에 휩싸이면 자신의 존재는 점점 더 작아져만 간다. 이렇게 씁쓸한 현실에서 자신을 건지기 위해서, 다른 사람으로부터 스스로를 고립시키고 결국 자신이 바라는 것은 무엇이나 할 수 있고 무엇이든 될 수 있는 자신만의 공상의 세계에 틀어박히고 만다.

이런 상태에서 벗어나기 위해 우선 자신의 목표를 마지막으로 검토한 것은 언제였는가 떠올려보자. 아마도 상당히 오래전일 것이다. 현재의 자신이 무력하거나 자신의 삶이 무언가 부족하다고 느끼는 이유는 의식적이건 무의식적이건 먼 옛날에 세워놓은 목표에 현재의 자신이 못 미친다고 생각하기 때문일 수도 있다. 그러나 과거의 기준이야 어찌됐든 중요한 것은 현재이다. 과거에 아무리 거창하고 그럴듯한 계획을 세웠더라도 지금의 자신과 동떨어진 것이라면 오히려 혼란만 더할 뿐이다.

물론 인생을 살아가면서 잃어버리지 말아야 할 궁극적인 목표가 있어야 함은 두말할 나위도 없다. 그러나 그 지향점을 향해 나아가기 위해서는 시기와 상황에 따라 유연하게 계획을 수정하고 단·장기적인 목표를 설정해야 한다. 가령 신대륙을 발견하기 위해서는 배를 구하고 여행계획을 세우는 과정을 거쳐야 하며, 폭풍과 같은 상황을 만나더라도 적절하게 대처해야 한다. 어느 것이 유효하고 중요한지, 또 어느 것을 지워버려야 하는지 결정해야 하는 것이다.

과거의 목표 따위는 과감히 쓰레기통에 던져버려라. 이미 유통기한이 지나 버린 과거의 기준이나 목표는 삶을 더욱 복잡하게 만들고 자신의 인생이 엉망진창이거나 부족하다고 느끼도록 만들 뿐이다. 현재의 욕망이나 관심사, 경험 등을 토대로 하여 앞으로 몇 달 혹은 몇 년 동안 자신을 이끌어줄 새로운 목표를 설정해야 한다.

직업적인 면에서, 정서적·사회적인 면에서 자신의 위치를 파악하여 정확히 목표를 세워야 한다. 성공한 사람들은 자신이 할 수 없는 일은 결코 목표로 삼지 않는다는 사실을 기억하라. 헬렌 켈러 여사는 자신이 들을 수도, 말할 수도, 볼 수도 없는 상황을 한탄하지 않는다. 대신에 주어진 상황에서 최선을 다해 노력하였으며 그 과정에서 수백만 명의 사람들을 감동시켰다.

목표를 세우고 꿈을 갖는다는 것은 즐거운 일이다 자신이 할 수 있는 일에 대해서만 주의를 기울이고 실천해야 한다. 꿈은 꿈일 뿐, 깨고 나면 언제나 그대로이다.

무엇이 옳고 무엇이 최선인지 안다.

그리고 내 의견을 알리는 데 망설이지 않는다.

나는 매우 도덕적인데 반해

다른 많은 사람들이 잘못하고 있다고 생각한다.

남들보다 도덕적으로 우월하다고 느낀다

도덕적이며 정직하고 순수한 삶. 당신이 이러한 삶을 살아가는 사람이라면, 당신은 매우 존경할 만한 고귀한 사람이다. 그러나 생각은 이렇게 하면서 행동이 따라주지 못한다면 그 이유는 직면하고 싶지 않은 불편한 느낌을 보상받기 위해서 고상한 도덕적 기준을 나름대로 세우고 있는 것일 수도 있다. 증오감, 부러움, 질투 등의 부정적인 감정이 생기면 이러한 자신의 감정을 알아차리고 이 감정들을 조절하지 않고 지나치게 친절하거나 이타적으로 행동함으로써 그런 부정적인 감정을 보상하고 균형을 맞추려고 하는 것이다.

자신이 누구인지 철저히 알아내려고 하지 않으면서, 자신은 미덕을 갖추고 있는, 도덕적으로 완벽한 사람이라고 생각하며 자신을 보호한다. 자신의 부족한 부분을 솔직하게 마주하고 고치기보다는 그냥 정당하고 바른 편에 서 있다는 생각을 고수하는 편이 훨씬 더 쉽기 때문이다.

물론 남에게 친절하게 행동하거나 도움을 주는 것은 훌륭한 일이다. 그러나 인정하고 싶지 않은 자신의 부정적인 감정들을 감추기 위한 것이라면, 이러한 행동은 곧 한계에 부딪혀 분노를 낳을 것이고 이러한 감정이 쌓여 결국에는 폭발하게 될 것이다.

우선 자신이 인간이라는 사실을 인정해야 한다. 누구나 성인군자가 될 필요는 없다. 어느 누구도 당신에게 그렇게 하도록 강요하지 않는다. 혹시 어린 시절의 경험에서 헤어나지 못하고 누군가가 자신에게 그렇게 하라고 요구하고 있다고 생각하고 있지는 않는가? 그렇다면 '나는 성인군자가 아니다. 발전하기 위해 매일매일 배우며 성장하는 멋진 사람일 뿐이다'고 생각하고 그러한 부담에서 벗어나보라. 올바르게 행동하려는 부담감이 줄어들 때가지 충분히 이런 연습을 반복하라.

그런 후에는 자신이나 다른 사람에게 해가 되지 않는 방법으로 자신의 감정을 표현하라. 이 책에는 샌드백을 두드리는 것 등 분노를 발산하기 위한 여러 가지 방법이 소개되어 있다.

자신의 높은 도덕적 기준이 실제로 믿고 있는 사실과 정말로 일치하는지 다시 한 번 되돌아보자. 과거의 경험으로 인해 그런 도덕적 기준을 가진 것이라면, 자신이 하는 말과 행동이 일치하도록 해야 한다.

어느 날 아침, 한 젊은 여인이 설교 중인 목사에게 자신은 주중에 성경의 가르침을 따르지 않았으나 주일에는 성경의 가르침에 충실했다고 고백했다. 그러자 목사가 평소처럼 재치 있게 대답했다.

"부인, 월요일에 아무런 소용이 없는 종교는 일요일에도 소용이 없답니다."

자신이 처한 현실이나 생각과 동떨어진 이상은 능력의 한계를 실감하게 만들 뿐이다. 당신 자신을 정당화하거나 다른 사람을 비난하기 위해서 높은 도덕적 기준을 사용해서는 안 된다. 자신이 정말로 지킬 수 있으며 일상생활에서 자신을 올바로 인도할 수 있는 기준을 세워라.

나에게는 인생의 모든 것이 경쟁이며
내가 하는 모든 일에서 이겨야 한다고 생각한다.
나는 인생의 모든 것을 흑백논리로 본다.
나는 성공하지 않으면 실패한다.
승리하는 것을 상당히 자랑스럽게 여기지만
결국 나는 실패할 것만 같다.

경쟁의식에
불탄다

건전한 경쟁의식을 갖는 것은 전혀 나쁘지 않다. 오히려 적당한 긴장감은 삶에 활력을 준다. 그러나 모든 일에서 승리자가 되어야 한다는 생각은 삶을 더욱 고달프게 만들 뿐이다.

겉으로 보기에는 대단한 승부욕을 가진 사람이라는 평가를 받기도 한다. 그러나 사람들은 당신과 경쟁하는 것에 피곤함을 느낀다. 지나치게 결과에 집착하는 당신과의 게임은 너무 부담스럽다.

최선을 다하는 것은 반드시 이겨야 하는 것과는 다르다. 경쟁심의 노예가 되면 남들의 평가에 지나치게 집착하기 때문에 이기기 위해서라면 그 어떠한 대가라도 기꺼이 치르고자 한다. 누가 어떻게 해야 한다고 강요하는 것도 아닌데 나는 '이러이러해야 한다'는 틀을 만들어 놓고 자신을 그 틀에 끼워 맞추기 위해 안간 힘을 쓰는 것이다.

이러한 사람들은 참을성이 없고 정서적으로 불안정해서 항상 서두르고 기다리지 못한다. 욕심과 야망도 큰 편이다. 훌륭한 사람이 되기 위해서는 무언가 대단한 일을 해내야만 한다고 생각한다. 자신의 업적과 실패로 인생 전체를 판단하려 하고, 단순한 게임에서조차 승부욕을 불태운다. 간단한 예로 테니스게임에서 이기고 나면, 마치 승리자가 된 것처럼 생각한다. 그러나 게임에서 지고 나면 마치 인생이 완전히 파탄나기라도 한 것 같은 좌절감을 느낀다. 자신은 한낱 패배자에 불과한 것이다.

발전을 하지 못하면 곧 쇠퇴하는 것과 다름없다. 그리고 항상 자신이 옳아야만 한다. 자신의 판단이 틀렸음이 확실하게 밝혀져도 실패를 인정하려 하지 않는다. 결국 이것은 자기기만으로 이어진다. 결과가 확실할 때조차도 실패를 인정하려 하지 않는다.

자신의 판단과 의견에는 감히 의문을 제기할 수 없으며 스스로 자신의 의견을 더 이상 믿지 않더라도 그것을 옹호하려 한다. 스스로 의심스러워질수록 더욱더 맹렬히 자기 견해를 옹호한다. 이것은 자신이 옳다는 것을 다른 사람은 물로 자기를 스스로 설득하려는 무의식적인 시도이다.

세상에 자신을 인정할 만한 일을 하고 있지 않다는 느낌이 들면 견딜 수가 없다. 자신이 얼마나 대단한 사람인지 세상에 알리고 싶은 욕망이 너무 큰 나머지 쉽사리 남에게 충고하거나, 자신의 충고가 전적으로 받아들여지지 않으면 금방 화를 낸다.

다른 사람들이 내가 가진 지식에 어떤 가치를 부여하느냐에 따라서 자존심을 내세우며, 자신의 아이디어가 거부당하면 이를 곧 자기 자신에 대한 거절로 생각한다. 나이든 사람들이 종종 자신의 지혜와 지식을 아랫사람에게 억지로 주입시키려고 하는 것도 바로 그런 이유에서다. 자신이 쌓아온 것이라곤 삶을 살아가는 지혜나 지식밖에 없는 사람에게 그것은 세상에 자신의 존재를 알리는 유일한 방법이기 때문이다.

이러한 성향이 지속되면 육체적으로도 무리가 되어 심장질환이 발생할 확률이 높다. 그러므로 항상 한 박자 늦추고 사는 마음가짐이 필요하다. 항상 긴장하는 성격이므로 하루에 최소한 몇 분이라도 자기 마음과 몸을 이완하는 연습을 하는 것이 중요하다.

자신의 성격이 얼마나 급한지 알고 싶다면 눈을 감고 1분 동안 아무것도 하지 말고 있어보라. 대개 1분도 못 참을 것이다. 그렇다면 하루에 단 1분만이라도 아무것도 하지 않고 긴장을 푸는 시간을 가져보라. 조급한 성격을 가라앉히는 데 도움이 될 것이다.

다른 사람들과 더불어 공동의 목표를 추구하는 것 또한 우리 인생을 의미 있게 만들어주는 것을 깨달아야 한다. '경쟁'과는 상관없는 활동을 통해 협동의 의미를 몸소 체험해보자. 예를 들어, 대부분의 스포츠 경기는 팀워크가 생명이다. 승리를 거머쥐기 위해서는 선수 전원이 개인적으로 최선을 다함은 물론 팀을 위해서 자신을 희생할 줄도 알아야 한다. 자신이 하키선수라고 가정해보자. 그리고 지금 당신의 위치는 골문과는 상당한 거리가 있다. 골을 넣기 위해서는 장거리 슛을 날려야 한다. 그렇다면 직접 골을 넣기보다는 차라리 골문과 더 가까운 위치에 있는 동료에게 패스를 해야 팀이 득점할 확률이 더욱 커지는 것이다. 물론 이밖에도 협동의 보람을 일깨워주는 다른 활동들은 얼마든지 있다. 이를테면 직장이나 학교 등에서 클럽활동을 하거나 동네에서 자원봉사를 하는 것도 좋을 것이다. 이런 일은 개인적으로는 그다지 빛을 보는 활동이 아니지만 자신이 사는 동네를 위해서 뭔가를 한다는 만족감과 긍지를 느낄 수 있다.

자신감과 자아의 가치는 별개의 문제다. 자신감은 특정한 일에서 능력을 인정받는 것과 관련이 있다. 자아의 가치란 인간으로서 자신이 스스로에게 부여하는 가치이다.

무언가를 뛰어나게 잘하지 못한다고 해서 자신의 가치가 떨어진다거나 덜 중요한 것은 아니다. 모든 것을 완벽하게 해내는 사람은 없다. 그러나 누구나 잘하는 것이 한 가지씩은 있다. 문제는 결과만을 놓고서 스스로 평가하는 데서 시작된다.

오늘 당장, 자신이 전혀 모르는 낯선 분야의 일을 찾아낸다. 그리고 자신이 그 일을 얼마나 잘해낼지 여부에 관계없이 열심히 그것을 하기로 마음먹는다. 그리고 그 일을 하는 목적은 완벽을 가하는 데 있는 것이 아니라 일을 배우는 데 있다고 자기를 '세뇌'시켜라.

계속해서 새로운 배움에 도전해보라. 예를 들어, 테니스를 택한다면 처음에는 서브에만 전념하다가, 포핸드에서 다시 백핸드로 넘어

가는 식으로 계속한다. 또한 피아노를 배우기로 했다면 처음에는 악보 읽기에서부터 시작해서 리듬감 익히기, 소절 별로 연습하기 순으로 진행해 나갈 수 있다. 그러나 또다시 완벽한 수준에 집착하면 그만둔다.

스스로 똑똑하고 친절하며
재미있는 사람이라고 생각하면서도,
외모에 관해서는 도무지 자신이 없다.
거울 앞을 지날 때마다 내 모습을 체크한다.
내 모습이 최상이 아닐 때는
아무에게도 보이고 싶지 않다.

외모에
유달리 집착한다

우리는 잘생긴 사람은 곧 괜찮은 사람이라는 등식에 익숙해져 있는지도 모른다. 아니 그것은 엄연한 현실이다. 대부분의 사람들은 못생긴 사람보다는 외모가 뛰어난 사람에게 호감을 느끼는 게 정상이라고 생각한다.

이런 믿음은 외모로 그 사람을 판단하는 사회 풍토의 영향을 받아 더욱 강화되기도 한다. 우리는 날마다 매력적인 사람들이 그렇지 못한 사람보다 더 나은 대우를 받고, 주변의 이목이 항상 그들에게 집중되는 현실을 목격한다.

사람을 외모로 판단하는 것은 다른 사람에게만 해당되는 것은 아니다. 바로 나 자신 역시 이러한 외모 콤플렉스에서 벗어나지 못한다. 상대의 외모에 따라 태도가 달라지는 사람일수록 다른 사람들 역시 자신을 외모로 판단하리라고 생각하는 확률이 높다. 심지어 다른 사람들이 자신을 매력적이라고 여기지 않으면 부당하게 대할 거라고 생각하기도 한다.

이러한 생각이 신체적인 매력이 없으면 이 세상에서 출세할 수 없다는 생각으로 부풀려지고, 이 때문에 외모는 빼놓을 수 없는 성공의 수단이라는 생각을 품는다.

일단 외모가 전부는 아닐지라도 가장 큰 재산이라는 생각에 사로잡히면 외모를 유지하거나 '만들어 나가는'데 집착하게 된다.

그러나 외모에 대한 집착에는 만족이 있을 수 없다. 쌍꺼풀수술을 하고 나면 코를 조금 더 세우고 싶고, 얼굴의 주름살도 좀 어떻게 하고 싶고…. 이렇게 잘못된 방향으로 치닫는 욕망은 돌이킬 수 없는 상처를 남기기도 한다. 성형수술의 부작용으로 일생을 후회와 눈물 속에 살아가는 사람들이 바로 그 증거이다. 이처럼 끔찍한 결과를 초래하지는 않는다 해도, 외모에 대한 신경증적인 욕구를 지닌 사람은 나이를 먹어감에 따라 중년의 위기에 빠지기 쉽다. 자신의 최대 재산인 외모의 '가치'가 떨어지기 때문이다.

한번쯤 자신을 '꾸미는' 일에서 벗어나보자. 매일 반복되는 일상적인 과정 중에서 한 가지를 하루만 생각해보는 것이다. 가령 콘택트렌즈 대신 안경을 써본다든지, 아침마다 정성스럽게 신경 써서 머리를 손질하는 사람이라면 빗질을 그냥 대충 한 번 한다든지, 립스틱을 바르지 않고는 집 앞에도 못 나가는 사람이라면 하루만 그것을 생략해보라. 항상 옷차림에 신경을 많이 쓰고 온갖 장신구로 완벽하게 몸을 치장하는 사람이라면, 셔츠와 바지만 입고 보석을 착용하지 않은 채

평소의 반 정도만 꾸미고서 집을 나서보라.

   그리고 주위 사람들의 반응을 살펴보라. 몇몇은 당신의 달라진 모습을 눈치 챌 것이다. 그러나 사람들은 당신의 변화를 전혀 눈치 채지 못할 수도 있다. 외모란 나를 구성하고 있는 일부분에 불가할 뿐이다. 더 중요한 것은 자신의 내면을 가꾸는 일이며 다른 사람들에게 사랑과 관심을 베푸는 것이다. 다른 사람에 대해 무언가 판단을 내리는 순간, "이 사람의 어떤 면이 좋은 거지?", "그의 어떤 면을 내가 좋아할 수 있을까?"라는 질문을 떠올려보자. 섣불리 판단을 내리지 말고 자신이 좋아하거나 존중할 수 있는, 외모와는 전혀 관계없는 요소를 발견할 때까지 자세히 관찰해본다.

   이를 자신에게도 똑같이 적용해본다. 외모를 제외하고, 자신의 장점이라고 내세울 수 있는 것들이 무엇인지 찬찬히 자신의 모습을 들여다보라. 인생의 어느 시점이 지나면 외모는 별로 의미가 없어진다. 백 살이 다된 호호백발의 노인에게 겉모습이 무슨 문제가 된단 말인가? 외적인 아름다움은 오래가지 못한다. 그러나 내면의 향기는 세월이 갈수록 그 향기가 더욱 은은해진다는 사실을 잊지 말자.

PART IV

일을 한 번에 말끔하게 처리하지 못하고
단지 '끝내기' 위해서 대충 마무리 한다.
그래서 결국 같은 일을 두 번 해야만 한다.
처음 시작할 때 제대로 하면
두 번씩 일을 반복하며
시간과 노력을 낭비하지 않아도 된다.
그러나 순간적이나마
그 일을 얼른 끝내놓고 싶다는 생각에
대충 처리해서 던져놓는다.

일을 대충 처리하고
다음에 다시 한다

이러한 행동의 이면에는 복합적인 동기가 작용한다.

그 첫 번째 이유는 최선을 다하고 난 후 자신의 능력을 시험당하거나, 실력이 드러나는 것을 두려워한다는 것이다. 일을 대충대충 처리하고 나면 빠져나갈 구실이나 최소한 '그냥 대충해서 그런 것일 뿐이다'는 자기변명이 가능하기 때문이다. "10분밖에 안 걸렸다는 걸 감안하면 그렇게 못한 것도 아니지." 이런 식으로 변명을 한다.

두 번째는 당장에는 해결방법을 찾기 어렵지만 조금 후에 다시 생각하면 일을 처리하거나 더 쉬워질 것이라는 막연한 기대감 때문이다. '그래, 어차피 지금 생각해봤자 머리가 아픈 걸. 시간이 지나면 좋은 생각이 떠오를 거야'라고 중얼거리면서 나중으로 미루는 것이다.

세 번째는 눈앞의 결과만을 중시하여 어떻게든 일을 끝내놓고 만족감을 얻으려고 하기 때문이다. 그 일의 결과와는 관계없이 무언가를 끝냈다는 사실을 통해 성취감을 맛보는 것이다.

이런 사람들은 단지 일뿐만이 아니라 일상생활 속에서도 같은 식으로 행동하는 경우가 많다. 예를 들어, 배가 불러 숨쉬기가 불편해도 계속 먹는다. 그릇에 담긴 음식을 다 먹어 치우고 나서야 비로소 만족을 느낀다. 그릇 속에 남은 음식을 아직 끝내지 못한 일거리로 인식하는 것이다.

또는 잃어버린 물건을 찾으려고 이미 수도 없이 살펴본 장소를 계속해서 다시 뒤지기도 한다. 자신이 일을 대충대충 처리한다는 것을 알기 때문에 철저하게 제대로 수색을 했는지 믿지 못하기 때문이다.

그리고 대체적으로 기분이 좋고 일이 잘 풀릴 때만 노력을 기울인다. 성공을 간절히 원하면서도 행동은 의욕을 따라가지 못한다. 그래서 자신에게 도움이 된다는 것을 알면서도 익숙하지 않거나 흥미를 느끼지 않는 일은 거의 피해가려고만 한다.

인생에서 성공한 사람들은 '하고 싶다, 아니다'를 떠나 자신이 이루고자 하는 바를 위해 열심히 일한 사람들이다. 당장 싫증이 나거나 짜증이 난다고 해서 대강 일을 마무리하는 것은 있을 수 없는 일이다. 오히려 어려운 일에 부딪힐수록 강한 의욕을 불태운다. 그러나 대강주의에 사로잡힌 사람들은 일이 잘될 때에만 노력을 한다.

우선 설거지나 책상 정리 등 간단하게 끝낼 수 있는 일들을 꼼꼼하게 처리하는 습관을 가져라. 물론 다음에 할 수도 있고 미룬다고 손해 보는 일도 아니다. 하지만 지금까지 쉽고 간단한 일조차 깔끔하게 처리하지 못하고 낭비해온 시간이 얼마인지 계산해보라. 생각보다

많은 시간이 당신 손가락 사이로 빠져나갔을 것이다.

　다음에는 조금 더 중요한 일에 도전해보라. 일단 준비가 다된 후에 처음부터 일을 제대로 처리한다. 그리고 일단 일을 끝내고 나면, 다시는 바꿀 기회가 없다고 가정하라. 다시 하겠다는 생각은 아예 처음부터 머릿속에서 지워버려라. 사소한 일상사이든 회사에서 맡은 중요한 업무이든 필요한 모든 시간을 투자해서 처음부터 일을 완벽히 처리한다면, 하는 일이 훨씬 '생산적'일 것이다.

　자신이 일을 적당히 끝내는 데 반하여 똑같은 일인데도 척척 잘해내는 사람을 모델로 삼는 것도 새로운 습관을 만들어 가는 데 큰 도움이 될 것이다. 그 사람에게 자신이 일을 하는 동안 지도를 해달라고 부탁하는 것도 좋다. 일을 착수하기 전에 계획을 짜는 것부터 도움을 청하라. 그러고 나서 그 계획을 추천해보라.

일에 몰두하기가 어렵다.
한 문장을 되풀이해서 계속 읽는다.
정신을 팔고 있다가 사람들이 한 말을
다시 되묻는 경우가 종종 있다.
한 문장을 말하다가 생각이 끊기거나
완전히 핵심을 벗어날 때가 있다.
어떤 말을 재미있어 하다가도
이내 쉽게 싫증을 내버린다.

쉽게
산만해진다

우리 삶의 질은 근본적으로 집중하는 정도에 좌우된다는 말이 있다. 행복과 성공은 에너지를 집중시키는 능력에 깔려 있다는 뜻이다. 그러나 문제는 무언가에 집중한다는 것이 그리 쉽지만은 않다는 데 있다. 집중을 하기는커녕 여러 가지 잡다한 생각들 때문에 머릿속이 산만해지곤 한다.

삶에 대한 집중력을 떨어뜨리는 원인은 대개 두 가지로 볼 수 있다. 이 두 요소는 복합적으로 작용하여 상황을 더욱 악화시키기도 한다.

그 첫째가 한 번에 여러 가지 일을 할수록 더 재능이 있고 유능한 사람이라는 생각이다. 사실 우리들은 대부분 이러한 생각에 동의하고 있다. 그러나 이것은 매우 위험한 생각이다.

한 가지 일에만 매달리는 것을 따분하게 여기면 쉽게 산만해져서 그 한 가지 일조차 제대로 해낼 수 없게 된다. 마음을 한군데 집중하지 못하고 이리저리 산만하게 방황하는 습관이 들기 때문이다.

또 하나의 방해물은 바로 마음에서 들려오는 소리이다. 주의를 집중하기가 어려운 이유는 마음속의 걱정거리, 공포, 불안감 때문일 수 있다. 이런 마음의 잡음들을 몰아내지 못하면 새로운 정보가 우리의 머릿속에 들어왔을 때 이를 받아들일 수가 없다.

주의가 산만하다는 지적을 받은 사람들은 모든 상황을 지나치게 과장하고 확대 해석하는 경향이 있다. 스쳐가는 잡다한 생각에 파묻혀서 해야 할 일과 버려야 할 일을 구별하지 못하는 것이다.

어쩌면 매우 창조적인 사람이라서 그럴 수도 있다. 사물에 대한 호기심이 남보다 왕성하여 한 가지에 집중하지 못하고 정신없이 행동하는 사람들 말이다. 그러나 호기심이 강한 것과 이 생각 저 생각 사이를 떠돌아다니는 것은 완전히 다른 결과를 낳는다. 전자는 역사에 이름을 남기는 반면 후자는 어느 것 한 가지도 제대로 처리하지 못하고 쩔쩔맨다.

이들의 주변에는 정말 심각한 골칫거리뿐 아니라 크고 다양한 문제들이 끊일 날이 없다. 사람들이 대부분 다양한 시각으로 어느 정도 거리를 두고 세상사를 인식하는 데 비해, 이들은 모든 일이 바로 앞에, 그것도 '코앞'에서 펼쳐지고 있다고 느낀다. 크고 작은 온갖 일들이 신경에 거슬리니 한 번에 한 가지 일에 집중하지 못하는 게 당연하다.

그렇다고 억지로 마음을 고요히 진정시킬 수는 없는 노릇이다. 이것은 누군가에게 건강을 풀고 편히 쉬라고 고래고래 소리를 지르는 것과 다를 바 없다. 긴장을 풀어야 한다는 강박관념을 풀기 위해 노력할 필요는 없다.

어떤 일에 완전히 몰두해 있을 때 마음이 자연히 가라앉고 차분해지는 것을 경험해본 적이 있는가? 자신이 하고 싶은 일에 에너지를 쏟으면 눈앞에서 왔다 갔다 하는 잡다한 문제들이 전혀 신경 쓰이지 않고, 주변에서 무슨 일이 일어나도 전혀 마음이 쓰이지 않는다. 심지어 시간의 흐름조차 느끼지 못한다. 이렇게 완전한 몰입의 상태에서 통찰력이 생기고 새로운 아이디어를 떠올릴 수 있으며 마음속에는 진정한 평화가 자리하는 것이다.

쓸데없는 걱정들로 인생을 낭비하지 말고 정열을 쏟을 만한 일을 찾아 자신을 던져보라. 노래, 장거리 달리기, 스카이다이빙. 억압받는 사람들의 권리를 옹호하는 일 등 완전히 몰입할 수 있는 것이라면 무엇이든 상관없다. 행복과 만족을 위해서는 꼭 필요한 일이다.

한 번에 여러 가지를 할 수 있어야 능력 있는 사람이라는 생각에서도 벗어나야 한다. 그러기 위해서는 한 가지 일을 택해서 자신의 모든 에너지를 쏟아붓는 연습이 필요하다. 정말로 능력이 뛰어난 사람이라면 여러 가지 분야에서 재능을 발휘할 수도 있겠지만 그런 사람은 지극히 소수에 불과할 뿐만 아니라, 굳이 그런 식으로 재능을 증명해보일 필요도 없으며, 그다지 대단한 사람도 아니다.

처음 시작할 때는 하루 안에 끝낼 수 있는 일을 선택한다. 새집을

짓는다거나, 책상 조립 혹은 만찬을 준비하는 일같이 결과물이 확실하고, 일을 끝냈을 때 눈으로 확인하고 느끼거나 먹을 수 있어서 강한 만족감과 성취감을 줄 수 있는 일이 좋다. 그러나 너무 힘든 일은 오히려 사람을 더욱 산만하게 만들 수 있으므로 가급적 피하고, 될 수 있는 한 과정이 단순한 일을 택하라.

타인 존중하는 방법

1. **경청하기:**
   상대방의 말을 잘 듣고 이해하려 노력하세요. 끼어들지 않고 끝까지 들어주는 것이 중요합니다.

2. **예의 지키기:**
   인사, 감사, 사과 등 기본적인 예절을 지키는 것이 타인에 대한 존중을 보여줍니다.

3. **차이 인정하기:**
   의견이나 가치관이 다를 수 있음을 인정하고, 비판보다는 이해하려는 태도를 가지세요.

4. **개인 공간 존중하기:**
   타인의 사적 공간과 프라이버시를 존중하는 것도 중요한 존중의 표현입니다.

5. **공감하기:**
   상대방의 감정을 이해하고 공감하는 태도를 가지면 신뢰와 존중이 쌓입니다.

6. **도움 제안하기:**
   어려움에 처한 사람에게 도움을 주거나, 배려심을 보여주는 것도 존중의 한 방법입니다.

어떤 날엔 아침에 잠에서 깨면,
생기가 넘치고 의욕이 솟아서
어떤 것도 나를 방해할 수 없을 것 같다.
그러나 어떤 날은 자명종을 집어던지고서
다시 이불 속으로 기어들어가며 세상을 저주한다.
어떤 날은 한없이 침체되다가도
또 다른 날은 기분이 들뜬다.

하루에도 몇 번씩
컨디션이 바뀐다

항상 기분이 좋거나 나쁠 수는 없는 노릇이다. 사람들은 대개 기분을 나타내는 그래프에서 완만한 곡선을 그린다. 그런데 하루에도 몇 번씩 그래프의 최고점과 최저점을 왕복하는 꺾은선 그래프를 그리는 사람들이 있다.

누구나 컨디션 조절에 실패하는 날이 있다. 그러나 어떤 사람은 기분이 마치 요요(?)처럼 계속 오르락내리락 반복하기도 한다. 갑자기 에너지가 줄어들어 심리적으로나 육체적으로 쇠약해지고 삶에 대한 의욕이 언제 떨어지는지 모르기도 한다. 이러한 증상이 오래 지속되면 자신도 괴로울 뿐만 아니라 주위 사람들 역시 당황한다.

여기에는 몇 가지 원인이 있을 수 있다. 때로는 호르몬이나 음식물에 대한 알레르기가 갑작스럽게 기분을 변화시키기도 한다. 그러나 이렇게 행동하는 데는 신체적인 원인보다는 심리적인 원인이 더욱 크다고 할 수 있다.

언제 들어도 그 정체가 애매한, 에너지라는 것은 도대체 무엇일까? 에너지를 형성하는 것은 자신을 둘러싸고 있는 일들에 대한 흥분과 열정이다. 인간은 무언가에 대한 흥분에 사로잡히면 끊임없이 에너지가 솟아오르는 것을 느낀다.

그러나 반대의 경우, 즉 아무런 기대도 없고, 하고 싶은 것도 없는 무기력한 상황에서는 지쳐서 아무런 일도 할 만한 의욕마저 잃어버린다. 그냥 이불을 덮어쓴 채 하루 종일 침대에서 뒹굴고 싶은 마음뿐이다. 에너지를 쏟아부을만한 일이 없으면 마음은 방황한다. 무수한 생각들만 머릿속에 떠올랐다 사라지면서 에너지가 낭비된다.

우선 아침마다 이불 속에서 꾸물거리지 말고 침대를 박차고 나올 만한 일들을 준비할 필요가 있다. 매일 의욕을 북돋워주는 일들을 하나씩 계획해보자. 운동이나 별식, 책이나 신문, 친구에게 전화하기 같은 간단한 것이라도 좋다.

그리고 자신에게도 다른 사람 못지않은 열정이 있다는 것을 자기 암시를 통해 일깨워라. 심리적으로 자신에게 강력한 힘을 발휘할 수 있는 표현을 써서 자신의 정열을 한두 문장으로 적어보라. 마음에 드는 문장이 결정죄면 이것을 다섯 개의 카드에 적어서 각각 침대 바로 옆, 욕실 거울, 냉장고, 자동차 안, 책상에 잘 보이도록 붙인다. 이렇게 해서라도 자신에게 힘을 불어넣어야 한다.

목표가 애매할 때는 동기가 약해진다. 할 일이 너무 많다고 생각되거나 시간이 남아돌아서 다음에 무엇을 해야 할지 모르는 상태에서는 에너지가 분산되어 버린다. 하루하루 구체적으로 이룩해야 할 목표가 있고, 시간을 짜임새 있게 사용한다면 어떤 일이든지 힘껏 집중할 수 있으며 보다 생산적으로 일할 수 있다. 자신의 열정을 쏟아부을 방향을 알고 있으면 더 많은 열정이 샘솟을 것이다.

집에 돌아오면,

제일 먼저 텔레비전이나 라디오를 켠다.

저녁을 준비 중이건, 샤워나 독서 중이건,

심지어 전화 통화나 일하는 중에라도

주변을 소음으로 가득 채운다.

일단 소리가 나오거나 화면에 불이 들어오면

그것이 무슨 프로그램이든 상관없다.

항상 텔레비전이나
라디오를 켜 놓는다

　실제로 텔레비전이나 여러 가지 대중 매체들이 만들어내는 소리음에 '중독'되었다고 할 만큼 우리는 그것에 익숙해져 있다. 그리고 이것은 그만큼 가족들이나 사람들 사이의 관계를 단절시킨다. 자신과의 관계에서도 마찬가지이다. 사람들은 깊이 있는 사색이나 정신적 휴식으로부터 점점 멀어지고 있으며, 자신을 돌아볼 시간마저 텔레비전에 빼앗기고 있다.

　습관적으로 텔레비전 리모컨을 찾아 들고 파워 버튼을 누르거나 라디오를 켜는 것은 자신이 누구이며 자신의 인생이 어떻게 흘러가고 있는지 직면하고 싶지 않거나, 자신 만의 생각 속에 빠지는 것이 두려워서 마음의 소리를 잠재우는 외부의 방해자를 찾는 짓과 같다. 화면에 시선을 집중시키거나 라디오 소리에 귀를 귀울이다 보면 마음속에서 끊임없이 솟아오르는 걱정거리, 공포와 불안으로부터 벗어날 수 있기 때문이다.

　다른 사람들과 풍요로운 관계를 맺지 못하는 사람일수록 그 공백을 텔레비전이나 라디오와 같은 것으로 대신하려고 한다.

형편없는 대화법이 이러한 고립을 만들어내기도 한다. 온갖 잡념과 걱정거리에 시달리는 마음 상태가 드러나는 대표적인 행동이 바로 타인과의 대화중에 다른 사람에게 말할 기회를 주지 않고 혼자서 한참 동안 떠들면서 대화를 독점해 버리는 것이다. 하지만 말 그대로 대화는 어느 한 사람의 일방적인 이야기로 이루어질 수 없다.

대화가 잘 진행되면 대화를 나누는 사람 모두가 유쾌하게 대화를 이어가지만, 잘못되면 어느 한 쪽이 서서히 대화에 집중하지 않고 흥미를 잃기 마련이다.

불행하게도 타인과의 대화 방법에 익숙하지 않은 사람들은 상대방의 작은 반응조차도 심각하게 받아들이고 여러 가지 부정적인 생각으로 치닫는다.

"내가 이렇게 열심히 이야기하는데도 저 사람은 내 말에는 전혀 관심이 없잖아. 나를 무시하는 게 틀림없어"라고 분개하면서, 자신을 다른 사람들과 어울리기에는 부적합한 존재라고 판단해 버린다.

그러나 대화에 가장 중요하고도 기본적인 원리만 터득하고 나면, 더 이상 자신의 말에 귀를 귀울이지 않는다고 낙심하거나 의기소침해질 이유가 없다. 그 비결은 단 하나, 바로 남의 말을 잘 들어주는 것이다.

일방적으로 자신의 얘기만 늘어놓는 사람을 좋아하는 이는 이 세상에 아무도 없다. 한 사람이 대화를 독점하면 그 대화는 아무 가치도 없을 뿐만 아니라 계속해서 이어지기도 어렵다. 그것은 독백이지, 대화가 아니다. 상대방이 얘기하는 동안 다음에 할 말을 생각하는 것도 마찬가지이다. 일단 남의 말에 귀를 기울이는 법을 배워야 한다.

입을 것에서 먹을 것에 이르기까지,
생활 속의 사소한 문제를
결정하는 것조차 힘들게 느껴진다.
무슨 영화를 볼 것인가,
어떤 구두를 살 것인가,
샐러드에는 어떤 드레싱을 곁들일 것인가
결정하는 데 터무니없이 오랜 시간이 걸린다.
무슨 차를 살 것인지 결정하는 데는
5분이면 족하지만 무슨 색을 선택할 것인지는
2주일이 걸리기도 한다.

사소한 문제를 결정하는 데도
시간이 오래 걸린다

무언가 선택하고 결정해야 할 때, 자신의 결정에 대해 확신을 가지지 못하고 열등감과 두려움에 시달리는 사람들은 아예 결정을 미루거나 엉뚱한 선택을 하기도 한다. 또 결정하고 나서도 '다른 선택을 하는 게 더 좋지 않았을까' 하는 의구심을 갖고 끊임없이 자신을 괴롭힌다.

자신의 선택에 자신감이 없기 때문에 작은 일에 지나치게 신경을 쓰고, 막상 큰 일을 결정해야 할 때는 작은 일에 너무 지친 나머지 아무렇게나 결정을 내려버린다. 예를 들어, 어떤 차를 살 것인가 하는 중요한 문제를 결정하는 데는 단 5분도 안 걸리지만 어떤 색으로 할 것인가의 문제를 결정하는 데 2주일이나 걸린다면 분명 일을 하는 우선순위가 잘못 매겨져 있는 것이다.

이와 같이 스스로 만든 덫을 풀고 인생에서 한결 중요한 일에 에너지를 쏟기 위해서는 '선택'하는 연습을 해야 한다.

우선 앞으로 한 달간 모든 사소한 일은 동전 던지기를 통해서 결정하기로 해보자. 그러면 작은 일에 대해서만큼은 신속하게 결정을 내릴 수 있다. 여기에서 사소한 일이란? 10만 달러 미만의 돈이 들거나, 10년 미만의 시간이 필요한 일이거나, 혹은 문명을 바꿀 정도의 일이 아니라면 사소한 일이다.

한 달간 이런 연습을 하고 나면 어떤 영화를 볼 것인지 선택하는 데 시간을 들이기보다는 훨씬 중요한 결정사항을 심사숙고하고, 가치 있는 일을 이성적으로 판단할 수 있을 것이다. 한걸음 더 나아가 자신이 내린 결정이 나중에 잘못된 것으로 판명될 경우 일어날 수 있는 최악의 일은 무엇인지 생각해본다.

우리는 결과만을 지나치게 중요시하는 경향이 있다. 마치 그 내용이 영원히 돌에 새겨져 있기라도 할 것처럼 말이다. 그러나 대부분의 결정은 바뀔 수도 번복될 수도 있다. 삶이란 정적인 것이 아니며, 인간도 마찬가지이다. 변화하고 진화하는 것이 우리의 본성이다. 삶이란 단 한 번의 간단한 결정으로 이루어진 것이 아니며, 우리가 깨닫건 깨닫지 못하건 수많은 결정으로 이루어져 있다.

그러므로 우선 잘못된 결정이라도 내리는 것이 나은지 아니면 마음을 바꾸는 것이 더 나은지 헤아려보라. 후자가 더 낫다면 원하는 방향으로 상황을 바꾸기 위해서 무엇이든 하라, 필요하다면 자존심도 버려라. 그리고 나면 결정을 바꾼다는 것이 죽는 것만큼이나 나쁜 것은 아니라는 사실을 알게 될 것이다.

여기서 분명한 사실은 잘못된 결정을 내리는 편이 아무런 결정도 내리지 못하는 것보다 훨씬 낫다는 것이다. 최소한 자신이 처한 입장과 상황을 깨달을 수 있기 때문이다. 토머스 에디슨은 전구를 발명하는 과정에서 수만 번의 실험을 거쳤다. 에디슨은 실패에 부딪힐 때마다 잘못된 방법을 한 가지 더 알아냈다고 생각했다.

당신에게 새로운 사업에 대한 기막힌 아이디어가 떠올랐다고 치자. 이것을 추진하기 위한 자금을 모으기 위해서는 투자가들에게 자신의 사업을 설명해야 한다. 자, 이제 몇 번이라도 거절당할 각오를 하고 사업설명회를 열 것인가, 아니면 지레 겁을 먹고서 내년까지 일을 미루고 거절당하지 않는 상황에 만족하며 다른 경쟁자들이 앞서 나가는 것을 지켜보기만 할 것인가.

두 번 생각할 것도 없이 그 대답은 명백하다. 사업설명회를 열어야 투자자들이 모두 거절한다 해도 최소한 자신의 잘못을 깨닫고 사업계획을 수정하여 다른 투자자들로부터 호응을 얻는 기회를 만들 수 있다.

나는 게임의 주인공이다.
모든 열쇠는 내가 쥐고 있다.
아니, 그 이상이다.
그러나 누군가가 나의 진짜 모습을
알게 될까 봐 두렵다.
곧 본색이 들통 날 것만 같다.
지금 내가 있는 자리가
자신에게 합당한 곳인지 의심스럽다.
마치 내가 모든 사람을 속이고
무언가를 훔쳐 달아나는 것 같다.

자신이 세상과 남들을 '속이고 있다'고 생각한다

누구나 한번쯤은 '이게 정말 진정한 내 모습일까? 사람들이 나에 대해서 정말 제대로 알고나 있는 걸까? 나에 대한 사람들의 평가가 모두 맞는 것은 아니야' 하는 생각에 잠기곤 한다. 자신조차 알 수 없는 '나'라는 인물에 대해 사람들이 올바른 평가를 내릴 수 있겠는가 하고 말이다. 긍정적이든 부정적이든 대부분의 사람들은 다른 사람들의 눈에 비친 자신의 모습이 전부가 아니라는 생각을 갖기 마련이다. 특히 자신에 대해 부정적이고 열등감에 시달리는 사람들은 이러한 경향이 더욱 심하다.

사람들 앞에서 당당하게 자신감을 갖고 행동하지만 혹시 내면의 공허함을 들키지는 않을까 두려워한다. 자신이 남들보다 뛰어난 장점을 몇 가지 갖고 있는 것 같긴 하지만, 솔직히 다른 사람들이 생각하는 것처럼 그다지 대단한 인물이 아니다.

이렇듯 자신의 정체(?)가 탄로날까 봐 전전긍긍하는 것은 물론 자신이 부족하다고 느끼기 때문이다. 자신이 많은 것을 이룩해 놓았다고 해도, 누구라도 다 그렇게 할 수 있는 일이고 자신은 단지 운이 좋았을 뿐이라고 생각한다. 자신의 능력만으로 이루어낸 결실이라고 생각하지 않기 때문에 자신이 가진 특별한 재주나 재능을 결코 인정하지 않는다.

사람들의 눈에 비친 자신의 모습은 모두 허구라는 생각이 든다. 언젠가는 누군가가 자신이 성취한 것을 모두 빼앗아 자격이 있는 사람에게 줘버릴 것 같은 위기감에 시달리기도 한다. 차라리 사람들이 자신의 '진정한 모습'을 아는 것이 마음 편할 것 같다는 생각마저 든다.

자신이 누구인지 객관적으로 평가한다는 것은 일생 동안 추구할 만한 가치 있는 일이다. 자신을 더 잘 이해하기 위해서는 우선 세상이 자기를 어떻게 평가하는지 한번 따져볼 필요가 있다. 그러고 나서 자신이 생각하는 '진정한 자신'의 모습은 어떤지 떠올려본다. 그리고 그 둘 사이에 어떠한 차이가 있는지 생각해본다. 자신에게 사람들이 모르는 정말 대단한 결점들이 있는가? 있다면, 이런 '비밀들'이 드러나는 것을 두려워할 필요가 없다!

자신의 결점이라고 여겨지는 것들을 고치기 위해 오늘 시작할 수 있는 일이 무엇인지 그것에 집중해보자.

사람들에게 솔직하게 대하려고 노력한다면 언제 다가올지도 모를 '폭로'의 근심으로부터 자유로워질 수 있다. 물론 다른 사람에게 솔직해진다는 것은 결코 쉬운 일이 아니다. 그리고 만나는 모든 사람들에게 자신의 인생 이야기를 일일이 다 들려주고 자신을 이해시키라는 것도 아니다. 단지 사람들을 감동시키기 위해 자신을 과대 포장하려는 힘겨운 노력을 포기하라는 얘기다.

만약 자신의 성공이 순진한 자신의 실력만으로 이루어진 것이 아니라 정말로 행운이 따라주었기 때문이라고 믿는다면 그것을 인정하라. 설령 순전히 운에 의해서 성공에 이르렀다 해도 사람들은 그러한 운조차도 당신의 능력이 끌어들인 힘이라고 생각할 것이다.

PART V

15분이나 기다렸지만,
웨이터는 주문을 받으러 오지 않는다.
배가 고파 죽을 지경이지만 더 기다려본다.
한참 동안 줄을 서서 버스를 기다리고 있는데
바로 앞에서 새치기를 한다.
마음은 언짢지만, 큰소리를 내서
남들의 이목을 끌고 싶지는 않다.
신문은 항상 늦게 배달되는데다가 늘 젖어 있다.
하지만 '정말로 문제가 되지 않기' 때문에
'싸울 만한 가치가 없다'는 이유로 그냥 내버려둔다.

눈앞에서 새치기를 당해도
아무 말 하지 못한다

자기주장이 약한 것은 자신의 주장을 내세우면 괜히 일이 커지거나 곤란한 일을 당하게 되지는 않을까 하는 두려움 때문이다. 이런 사람은 소란을 피우는 일을 절대 하지 않는다. 다른 사람들이 자신을 불쌍하게 생각하지는 않을까 겁나기 때문이다.

그리고 스스로를 이렇게 위로 한다. 나는 인내심이 뛰어난 사람이라서 웨이터가 15분 동안이나 기다리게 해도 불평을 하지 않는다고 말이다. 그러나 이틀을 굶은 사람이라면, 분명 이런 형편없는 서비스를 참고만 있지는 않을 것이며, 다른 사람들이 자신의 행동을 어떻게 생각할 것인가는 신경조차 쓰지 않을 것이다.

사람은 누구나 자신이 원하는 것이 있기 마련이다. 문제는 그것을 표현하는가, 하지 않는가 또는 어떻게 표현하는가의 문제이다. 자신의 생각이나 주장을 어느 정도로 표현하느냐는 문제는 자신의 가치를 어느 정도로 생각하느냐는 문제와 직접적으로 관련되어 있다.

자신의 소망과 욕구에 대해서 강박적일 정도로 겸손한 사람들은 늘 자기를 다른 사람보다 못한 존재라고 생각한다. 그러나 자신이 중요한 사람이라고 생각하는 사람일수록 불합리한 대우에 민감하고 자신의 이익을 추구하는 게 정당하다고 생각한다. 무조건 양보하고 자신을 억제한다고 해서 사람들이 당신을 굉장한 인내심이나 양보심의 소유자로 생각할 거라고 여긴다면 그것은 크나큰 착각이다.

　우선 자신의 욕구를 당당하게 요구하는 데 익숙해지려고 노력해야 한다. 가령 주유소에 가서 아주 조금만 기름을 넣고 직원에게 차 유리를 닦아 달라고 한다. 이 글을 읽고 '어떻게 그런 일을. 나는 절대 그렇게 할 수 없을 거야'라는 생각이 먼저 떠오르는 사람이라면, 정말로 꼭 그렇게 해볼 필요가 있다. 당신이 이렇게 했을 때 일어날 수 있는 최악의 사태는 무엇일까? 아마도 주유소를 빠져나가는 당신의 차 뒤에 대고 몇 마디 투덜거리는 게 전부일 것이다.

　아니면 가까운 사람에게 자신의 생각을 분명하게 표현하는 연습을 해보는 것도 효과적이다. 부드럽게, 그러나 단호하게 자기의사를 표현하면 대개 상대방도 이를 받아들일 것이다. 다음에는 자신의 말이나 행동을 취소하는 연습을 한다. 우선 환불이 가능한 가게에서 필요 없는 물건을 하나 사라. 그리고 일주일을 기다렸다가 가격표도 떼지 않고, 전혀 사용하지 않은 채로 가게로 가져가서 점원에게 환불을 해달라고 말해보라.

　점원이 당신을 노려본다고 하더라도 절대 당황할 필요가 없다. 다른 물건과 교환하겠냐고 묻는다 해도 그렇게 하겠다고 말해서는 안 된다. 반드시 환불을 받아야 한다. 그런 후에 그 돈으로 자신이 정말 좋아하는 물건을 다른 가게에서 구입한다. 자신의 이익을 주장하는 게 망설여진다면, 이런 질문을 던져보라. 첫째, 나의 가치는 어느 정도인가? 둘째, 지금 이 행동을 하고 나서 나중에라도 돌이켜보면서 즐거워할 수 있을까? 셋째, 이로 인해 일어나는 최악의 사태는 무엇인가? 넷째, 이것을 통해 내가 더 약해질 것인가, 아니면 더 강해질 것인가?

구석에 서 있는 한 남자를 보고는
그 사람의 인생을 상상해본다.
그가 무슨 일을 하며, 어디에서 태어나고,
어떻게 자랐으며, 기혼인지 미혼인지를
그의 의도와는 전혀 상관없이
지레짐작하곤 한다.
미묘한 눈짓이나 몸짓이 무슨 의미인가
궁금해 하며 필요 이상으로 상상력을 동원한다.

내 생각대로 성급하게
결론을 내리고 왜곡시킨다

우리는 자신의 인생이 확실하기를 원한다. 아니, 어느 한 가지라도 확실한 것을 손에 쥐고 있기를 원한다. 확실한 직장, 확실한 가정, 확실한 미래…. 확실하다는 것은 곧 '안정'을 의미한다.

자신과 미래에 대해서 확신하지 못하는 사람은 어떤 방식으로든 이를 보충하려고 한다. 어떤 상황에 대한 해결책이 있다면 그것이 좋은 결과를 보장해주지 않는다 하더라도 그대로 밀어붙이려고 하는 것이다. 불확실하다는 것이 나쁜 결과보다 훨씬 더 많은 스트레스를 안겨주기 때문이다.

그래서 무언가 성취감을 느껴야 한다는 욕구에 지나치게 집착한 나머지 나는 언제나 '알고 있다'는 자기기만의 함정에 빠지곤 한다. 사실을 모두 알고 있지 않으면서도 이를 지어내는 것이다. 어떠한 메시지나 상황도 자신의 생각에 맞추어서 재해석한다.

사람들의 말과 행동을 자신의 생각대로 왜곡하여 해석하면 진실에서 점점 멀어지게 된다. 무엇이든 자신의 생각과 일치하지 않는 것을 무시해 버리고 자신의 사고방식에 맞추기 때문이다. 자신은 이미 해답을 알고 있다. 중요한 문제는 자신의 생각에 맞아 떨어지느냐는 것이다. 진실? 그것에는 별 관심이 없다.

새로운 정보를 얻기 위해서 다른 사람의 말에 신중하게 귀 기울이고 관찰하지 않고 자신의 생각이나 신념에 '걸맞는' 것만을 찾는다. 이렇게 하면 세상을 바라보는 시선이 일그러지기 마련이다. 마치 오목렌즈나 볼록렌즈를 통해 사물을 바라보는 것처럼 지나치게 과장되거나 축소된, 사실과는 거리가 먼 세상 속에서 살아간다. 현실을 있는 그대로 볼 수 없다는 것은 매우 서글픈 일이다.

이러한 왜곡된 생각의 틀에서 벗어나기 위해서는 자신이 사실과는 관계없이 단지 상상을 하고 있을 뿐이라는 사실을 인정하고 성급하게 결론으로 치닫는 마음에 브레이크를 걸어야 한다. 자신이 상상을 하고 있다는 사실을 자각하고 있는 한 무언가를 상상하는 것도 나쁜 것만은 아니다. 단지 자신의 상상을 사실인양 단정하지 않는 것이 중요하다.

때로는 자신도 모르는 사실이 있을 수 있다는 사실을 인정하고 사실과는 전혀 상관도 없는 생각들로 그 공백을 메우려 애쓰지 마라. 간단한 훈련을 통해 이것을 극복할 수 있다. 가령 영화관에 가서 영화가 끝나기 10분 전에 나온다. 끝이 어떻게 되었는지 친구에게 물어보는 것조차도 안 된다. 텔레비전 쇼를 보다가 끝나기 5분 전에 끈다.

책이나 잡지의 기사를 읽되 마지막 몇 페이지나 몇 문단을 건너뛰어 버려라. 그 내용이 궁금하더라도 스스로 결말을 만들어내서는 안 된다. 대신에 스릴만을 즐긴다. 그리고 일주일쯤 지난 후 결말을 알아본다. 단 그때까지 흥미를 느낀다면….

대부분의 사람들이
나에 대해서 완전히 잘못 판단하고 있다.
사람들은 내가 정말로 강할 때 약하다거나,
재미있게 대화에 참여하는 데도
내가 흥미를 느끼지 못한다고 생각한다.
사람들이 나를 잘못 이해하고 있는 것은
나의 생각을 표현하는 데 문제가 있기 때문이다.
내가 말하려는 요지를 잘 이해하지 못한다.
때로는 나 자신이
다른 행성에서 온 이방인처럼 느껴진다.

아무도 나를 진정으로
이해하지 못한다

　이런 생각에 시달리는 사람들은 자신이 생각한 대로 행동하지 못하는 경향이 있다. 자신이 원하는 것과는 거리가 먼 삶을 살아가고 있으며, 자신이 원하는 일을 하고 있지 못하다고 여긴다. 그러므로 다른 사람들이 진정한 자신을 보지 못하는 것이다.

　자신의 의도나 비전, 아이디어에 따라 이해받고 싶은데, 사람들은 자신을 행동으로만 판단하려 한다고 생각한다. 너무나 안타깝게도 다른 사람들은 참모습을 알지 못한다고 믿는다. '상황'을 고려해볼 때, 자신은 최선을 다하고 있는데도 말이다. 아무도 나의 문제와 어려움을 모르고 있다고 생각하며, 자신은 단지 오해받고 있을 뿐이라고 스스로를 위안하는 수밖에 없다. 사람들이 정말로 자신을 잘 아는데도 불구하고 자신을 싫어한다고 생각한다면 그야말로 절망적일 것이다. 그러므로 이런 식으로라도 위안을 삼으며 다른 사람들이 자신에 대해서 제대로 알지 못하기 때문에 자신을 싫어한다고 생각하는 편이 낫다.

속담에도 있듯이, '나를 아는 것은 나를 사랑하는 것이다' 다시 말해서 '사람들은 나를 좋아하지 않는다. 그건 나를 이해하지 못하는 것이다'라고 생각한다. 열이면 열 모두, 모든 사람의 마음에 다 들 수는 없다는 사실을 인정하기보다는 모두 자신을 충분히 이해하지 못하는 것일 뿐이라고 생각하는 게 마음 편하다.

어떤 의미에서 사람들이 정말로 자신의 진정한 실체를 몰랐으면 하고 바라는 것일지도 모른다. 남들이 자신을 너무 잘 이해하고 그런 사람들과 어울린다면 자신은 그저 평범한 보통 사람에 불과한 것이 아니겠는가? 자기에게는 다른 사람이 이해할 수 없는 나만의 독특함이 있으며, 그것이 자신의 진정한 가치일 수도 있다. 이해받지 못한다는 것은 자신이 주변의 사람들과는 '다른 종류의 사람'이라는 것을 의미한다. 그밖에 어떤 설명이 가능하겠는가?

사람들이 자신에 대해서 잘못 알고 있다고 생각한다면, 사람들에게 자신이 정말 누구인지 알리기 위해서 필요한 행동을 취해야 하는 사람 또한 바로 자신이다.

누군가가 자신이 하는 얘기를 정말로 제대로 이해하고 있는지 확인해보는 것으로부터 시작해보자. "당신이 전달하고자 하는 뜻은 그러니까?"라고 말하고 나서 자신이 이해한 내용을 다시 한 번 상대방에게 확인해본다.

상대방이 이에 동의하면, 이렇게 말해보라. "당신의 생각이 이해가 안 되는 것은 아니지만 내가 경험한 바에 의하면 그건 다릅니다." 그러니까 내가 옳고 상대가 틀리다는 식으로 감정적으로 너무 치우치거나 하는 일 없이 이야기한다면 자신의 생각과 느낌을 정확하게 전달할 수 있는 것이다. 그러면 서로에 대해 오해하는 일이 줄어들 것이다.

대화란 일방통행이 아니라 주고받는 것이다. 이야기를 나누다보면 오해를 사거나 잘못 해석되어질 여지가 항상 있다. 그러나 감정을 이해하려는 자세로 임하면 사람들이 무엇을 하거나 어떤 식으로 행동을 한다 해도 알맞게 대응하며 대화할 수 있을 것이다. 상대방의 채널에 맞추어 '지금 당신의 이야기를 이해하고 있다'는 신호를 보내면서 열심히 귀 기울여보라.

다른 사람들과 감정적으로 잘 소통할 수 있는 사람은 오해의 여지가 생겨도 이를 잘 처리할 수 있다. 그들의 관계가 옳고 그름의 이성에 근거한 것이 아니라 감성, 즉 넓고 깊은 이해에 근거하기 때문이다.

무엇보다 다른 사람에게 자신을 정확히 표현하기 위해서는 자신부터 '나는 누구인가' 정확히 알고 있어야 한다. 자신이 가지고 있다고 생각하는 모든 특성, 자신의 장점과 약점, 자신과 다른 사람들에 대한 믿음, 흥미, 자신의 일, 타인과의 관계 등, 자신이 누구인지를 설명할 수 있는 것들을 생각나는 대로 모두 적어보자. 그리고 그 중에서도 특히 더욱 몰입하고 싶은 것, 더 개발하고 싶은 자신만의 특성들, 자신이 누구인가를 다른 사람들에게 설명할 때 강조하고 싶은 중요한 특성을 전부 형광펜으로 표시해둔다. 그리고 기회가 오면 적절하게 자신의 '준비된' 모습을 사람들에게 알려라.

자기개발 지속하는 방법

1. **명확한 목표 설정:**
   구체적이고 실현 가능한 목표를 세우면 동기 부여가 되고 지속하기 쉬워집니다. 예를 들어, 한 달에 한 권 책 읽기, 새로운 기술 배우기 등입니다.

2. **작은 단계로 나누기:**
   큰 목표를 작은 단계로 나누어 하나씩 성취해 나가면 성취감이 쌓이고 지속력이 높아집니다.

3. **일상에 습관화하기:**
   매일 일정한 시간에 자기개발 활동을 하는 습관을 들이면 자연스럽게 지속할 수 있습니다. 예를 들어, 아침 10분 독서 또는 저녁 10분 온라인 강의 듣기 등입니다.

4. **진행 상황 기록하기:**
   일기나 체크리스트를 활용해 자신의 발전 과정을 기록하면 성취감과 동기 부여가 됩니다.

5. **자기 보상하기:**
   일정 목표를 달성했을 때 자신에게 작은 보상을 주는 것도 지속하는 데 도움이 됩니다.

6. **지원 시스템 활용하기:**
   친구, 멘토, 온라인 커뮤니티 등 주변의 도움과 격려를 받으며 꾸준히 나아가세요.

문득 내가 혼자임을 깨닫는 일이 많다.
나는 독립적인 성격이고,
이러한 생활방식을 좋아한다고
스스로를 설득하지만
정말 그래서 그런 것인지 확신이 서지 않는다.
조직의 일부가 되려고 애쓰는 가엾은
추종자들보다는 내가 우월하다고 생각한다.
남들과의 관계에 내가 연연할 이유는 없다.

나는
늘 혼자이다

물론 독립적이라는 것은 멋진 일이다. 때로는 우리가 혼자가 될 필요도 있다. 홀로 있는 것을 선택하는 이유는 각자 다르다. 단지 자기만의 시간을 방해받고 싶지 않아서 독립적인 생활방식을 선호한다면 그 사람은 건강하고 정상적이다. 그러나 지나치게 고립되어 있거나 다른 사람들로부터 '격리'되어 있다고 할 정도이고, 이것이 사람들 자체를 싫어하기 때문이라면 타인과의 '관계'에 적응을 잘하지 못하는 것일 수도 있다.

이런 사람은 다른 사람들과 좋은 관계를 맺지 못하는 경향이 있다. 인간관계를 형성해 나가는 기술이 부족하여 개인적인 그리고 공적인 생활에서 긍정적인 관계를 형성하기가 어렵다. 더 극단적인 경우에는 자신을 제외한 세상 전부가 자신을 소외시키고 있다고 느낀다.

그 원인이 자신에게 있다거나 자신이 부족하기 때문이라는 사실은 받아들이지 않고, 세상이 자신의 성공을 방해하기 때문에 자기가 발전하지 못하는 것이라 생각하고 스스로 체념한다. 모든 문제가 사회의 탓인 것이다. 자신은 이길 수 없는 게임에 걸려든, 힘없는 볼모일 뿐이다.

　게다가 이런 사람들은 자신의 나약한 모습이 다른 사람에게 알려지는 것 또한 두려워하기 때문에 스스로를 타인으로부터 더욱 격리시킨다. 불안감이 커지면 커질수록 점점 자신만의 세계에 틀어박히는 것이다. 그러면서도 상처받은 마음을 보상하기 위해, 자신이 너무나 우월하기 때문에 다른 사람들에게 따돌림 당하는 거라며 자신의 상황을 왜곡하기도 한다.

　이러한 문제가 기술적인 부분에서 비롯되는 것이라면, 카네기가 쓴 『사람들을 진정한 내 편으로 만드는 법』을 읽어보라고 권하고 싶다. 인간관계를 위한 기술을 형성하는 데 많은 도움이 될 것이다. 선천적으로 화술이 뛰어난 사람도 있지만 대부분의 사람들은 방법적인 측면을 배워야 한다.

　무엇보다도 사람들이 자신에게 관심을 갖도록 만드는 가장 확실한 방법은 먼저 그들에게 관심을 갖는 것임을 명심하자. 인간관계라는 것은 우리가 평생을 두고 노력해야 하는 것이다. 다른 사람들과 어울리고 친구를 사귀는 것이 때때로 어려운 과정이 될 수도 있다. 스스로 편안하게 느껴야만 다른 사람들이 자신을 편하게 대할 수 있다는 원칙을 잊지 않는다면 풍요롭고 따뜻한 인간관계를 맺을 수 있을 것이다.

사람들은 대부분 염려의 말을 건네거나 자신에게 진실한 관심을 보이는 사람에게 긍정적으로 반응한다. "당신이 그렇게 좋아한다는 스키는 어때요?", "어떻게 해서 동화책 쓰는 일을 시작하게 되었죠?", "바닷가 근처에 사시나요?" 하는 식으로 질문하는 법부터 배운다. 애써 서두를 필요는 없다. 그저 관심을 표현하면 되는 것이다.

세상에서 내가 원하는 것은
무엇이든 할 수 있고 무엇이든 될 수 있다고
진심으로 믿는다.
나보다 훨씬 재능이 부족한 사람들도
성공하여 인생을 즐기고 있다.
나는 게으르지 않은데, 성공을 향해
달려가지 못하도록 가로막는 무언가가 있다.
더 많은 것을 원하면서도
그것을 추구할 수 없다는 사실에 좌절한다.

능력이 없는 것도 아닌데
되는 일은 별로 없다

이러한 사람들은 능력이 부족하다는 생각 때문에 성공하지 못하는 사람과는 다르다. 다시 말해 자신감이나 자존심이 부족해서 성공의 대열에 끼지 못하는 것이 아니라는 얘기다.

이들은 오히려 여러 분야에서 능력과 재능을 발휘하는 재주꾼인 경우가 많다. 그러나 남들이 보기에도 인정할 만한 실력을 가졌음에도 불구하고 불행한 삶의 언저리를 벗어나지 못하거나 뚜렷한 성과를 거두지 못하는 것은, 한 방향으로 밀고나가는 정열이 있기는 하지만 계속해서 한 곳에 열정을 쏟지 못하고 곧 다른 쪽으로 관심이 분산되기 때문이다.

집중력이 부족한 사람들은 이것저것 잠깐씩 '집적'거리며 여러 가지 다양한 일들을 '시도'해 보기를 좋아한다. 그러나 잠깐 동안의 노력으로 대단한 성과를 거두기는 어려운 법이다. 원하는 것은 무엇이든 할 수 있는 반면, 정열과 관심을 집중시킬 수가 없기 때문에 결국 아무런 결과를 얻지 못하는 것도 이러한 사람들의 특징 가운데 하나이다.

 상황을 무마하기 위해 즉석에서 아이디어를 떠올리기도 하고 계속적으로 지칠 줄 모르고 그 생각에 매달린다. 하지만 너무 오랫동안 곰곰이 생각을 하기 때문에 한참이 지난 후에는 더 이상 그 아이디어가 새로워 보이지도 않고 단지 머릿속으로만 여러 번 생각하기 때문에 더 이상 신명도 나지 않는다. 그러면 또다시 무언가 '새로운' 것으로 옮겨간다.

 이럴 경우에는 자신의 흥미를 많이 끄는 한 가지 목표에 대해 최종 기한을 정해보는 것이 도움이 될 수 있다. 목표는 비교적 짧은 시간 안에 달성할 수 있는 것이어야 한다. 이 훈련의 목적은 자신이 원하는 바를 얻기 위해 열심히 노력하고 그 성과물을 손에 쥐었을 때 얼마나 즐거운지 스스로 믿게 만드는 데 있다.

 짧은 시간 동안, 오로지 자신이 원하는 지점에 다다를 데까지 오직 그것에만 집중한다. 조금이라도 주의가 산만해지는 것을 느끼면, 자기에게 이렇게 말한다. "그건 나중에라도 할 수 있어. 바로 지금 내가 하고 있는 건 이거야." 물론 다른 일을 할 수도 있지만 두 가지 일을 동시에 하는 것은 거의 불가능하다.

 하지만 자기가 갈망하는 다양한 관심과 욕구를 무조건 억누를 수는 없는 노릇이다. 장기적으로 볼 때는 오히려 더 지속적으로 집중하기가 힘들 수도 있다. 차라리 일주일 또는 한 달에 한 번씩이라도 일정한 시간을 정해놓고 자신의 목표와는 동떨어진 것이지만 흥미를 끄는 일들에 시간을 할애하라. 대신, 그 정해진 시간을 벗어나서는 안 된다. 이렇게 하면 여러 방면에 대한 다양한 관심을 충족시킬 수 있을 뿐만 아니라, 이 시간 동안에 배운 것들이 더 큰 목표를 달성하는 데 도움이 될 수도 있다.

마지막으로, 자신이 하고 싶거나 그래야 한다는 이유만으로는 흩어지기 쉬운 관심을 끌어 모으기가 어렵다는 사실을 깨달아야 한다. 자신이 왜 이러한 노력을 기울이고 있는지 명확히 알지 못하면, 자꾸 더욱 새로운 것들로 눈을 돌리게 된다. 자신이 이 길을 왜 선택했고 왜 열심히 가고 있는지 시간을 내서 글로 써보라. 그리고 아침에 일어나면 제일 먼저 목표의 최종 기한, 그 이유를 검토하면서 자신이 원하는 모든 것을 성취하겠다는 다짐을 새롭게 해보라.

그 어떤 일에 대해서도 의욕이 부족하다.
무언가에 정말로 관심을 갖고 있지 않으면,
그것을 해낼 수 있는 방법이 없다.
문제는 그 어떤 것에도
관심을 가질 수가 없다는 점이다.
어떤 일에도 나의 정열을 쏟을 수 없을 것 같다.

게으르고, 의욕도 없다

사람을 '게으르게 만드는' 여러 가지 요소가 있다. 정열이 부족한 것도 원인이 될 수 있다. 자신을 흥분하게 하는 무언가가 없으면 노력을 기울이기가 어렵다.

할 수 있느냐 없느냐는 결과만을 가지고 게으름을 판단할 수는 없다. 신체 장애인이 운동에 참가할 수 없을 때 그들을 게으르다고 하지는 않는다. 마찬가지로 심리적으로 장애가 있는 사람들의 행동을 단순이 게으르다고 지적할 수는 없다.

정신적 능력에 한계가 있으면 어떤 목표를 향해 나아가거나 달성하는 데 문제가 생긴다. 정신적 에너지가 부족하면 금방 지쳐버려서 최선을 다해 노력할 수가 없다. 머릿속이 걱정과 근심으로 가득 차 있으면, 정신적인 능력은 심하게 손상된다.

좋아하는 음식을 먹을 때 게으른 사람은 거의 없다. "이걸 지금 당장 먹고 싶지만 포크가 너무 무거워 보여"라고 말하는 사람은 없을 것이다.

의욕을 느끼지 못하는 것은 단지 정말로 자신을 흥분시킬 만한 것이 없다는 얘기다. 관심의 문제이지 자제력의 문제가 아니라는 말이다.

이런 경우에는 억압된 감정을 발산하는 것이 중요하다. 어떤 일에 대한 동기가 부족하거나 의욕이 없다는 것은 간혹 분노나 공포감, 실망 같은 부정적인 감정들을 스스로 발산하지 못하고 계속 억압하고 있다는 의미일 수도 있다.

우리는 대개 격렬한(?) 감정표현들은 용납하지 않는다. 그것들을 자신의 내부 깊숙이 억누르도록 훈련받는다. 그 결과 점점 자신의 진정한 감정을 무시하는 데 길들여지고 결국에는 사물에 대해 자신이 어떻게 느끼는지 알 수 없게 된다.

그렇다면 자신의 감정을 부지런히(?) 표현해볼 필요가 있다. 혼자만의 공간에서 긴장을 풀고 깊게 심호흡을 몇 번 한다. 자신의 목표를 생각해보고 현재 자신이 하고 있는 활동들에 대해서 생각해보라. 어떤 감정들이 떠오르는가? 슬픔? 공포? 후회? 질투나 분노? 그 감정들을 표현해보라. 드러내지 않는 감정이란 서서히 자신을 말라죽게 하는 독약과 같은 것이다. 그 감정들이 무엇이든 그것을 깊숙이 느끼고 밖으로 내보내는 작업을 시작해야 한다. 억압된 감정을 발산했다면 정말 이루고 싶은 목표를 세우고, 그 목표 위주로 인생을 설계해야 한다. "시간과 돈에 얽매이지 않는다면 나는 과연 무엇을 할 것인가?"라고 스스로에게 물어보라. 그리고 나서 15분간 떠오르는 생각을 모두 적어보라. 생각하기 위해서 멈추지 말고, 미리 추측하지도 말고 모든 것을 있는 그대로 적어보라. 결혼을 할 것인가, 독신으로 남을 것인가? 어느 지방에서 혹은 어느 나라에서 살고 싶은가? 취미와 인생 목표는? 무엇이 될 것인가? 어떻게 돈을 벌 것인가?

이 모든 목표를 적어본 다음, 그것들을 검토하고 나서 자신에게 절대적으로 중요하다고 생각되는 것만을 골라낸다. 이루지 못하면 인생을 완전히 헛살았다고 느낄 만한 일이어야 한다. 그 정도로 강력히 원하는 것이어야 추구할 의욕도 생긴다.

그런 목표가 여러 가지일 수도 있고 하나일 수도 있다. 아무튼 자신에게 가장 중요한 것이 무엇인지 그리고 자신이 어디로 향하고 있는지 명확하게 알면, 앞으로 인생을 어떻게 설계해야 할지도 자연스럽게 떠오를 것이다.

그런 후에는 정해진 목표를 성취하기 위하여 '행동'하기만 하면 된다. 그러면 더 이상 게으르지 않고 새로운 열정이 솟아나는 자기 자신을 발견하게 될 것이다.

PART VI

이미 지나간 과거를 떠올리면서
만약에 그때 다르게 행동했더라면
그 결과가 어떻게 달라졌을지
머릿속으로 그려본다.
미래에 대해서도 몇 시간이고
상상의 나래를 펼쳐보곤 하지만
상상을 현실화시키기 위한 노력은
거의 하지 않는다.

공상에
시간을 낭비한다

사람들이 공상의 나라에서 시간을 보내는 이유는 그것이 현실보다는 훨씬 즐겁기 때문이다. 성공한 사람들 중 많은 이들이 몽상가이기는 하지만 그저 공상만을 즐기는 사람들과는 분명히 다르다. 꿈을 꾸고 계획을 세우고 그 계획을 행동으로 옮기는 사람과, 부와 성공에 대한 상상의 즐거움에만 맛보고 그것들을 성취하기 위해서 아무런 노력도 하지 않는 사람은 분명히 다르다.

그저 공상만을 즐기는 사람들은 비현실적인 목표를 설정하고 어쩌면 그것이 현실로 나타날지도 모른다는 기대감만을 키운다. 그저 더 나은 내일에 대한 생각을 단지 머릿속에서 지었다 부수기를 반복한다. 복권에 당첨된다거나 멋진 연인을 만나게 되는 일 등을 상상하면서 잠시나마 현실에서 도피하려 한다.

상상은 자신의 미래뿐만이 아니라 과거의 세계로 연결되기도 한다. 자신이 다르게 처리할 수도 있었던 일들에 대해, 그리고 만약에 그렇게 했더라면 상황이 어떻게 달라졌을 것인가에 대해서 상상을 하곤 한다. 과거로 날아가 미래, 아니 현재를 다르게 만드는 영화 속 주인공처럼, 자신의 과거를 재창조한다. 공상 속에서는 자신이 원하는 것은 무엇이든 이룰 수 있기 때문이다. 명확한 목표와 계획을 세우는 데 힘을 쏟지 않고 인생과 괴리된 공상의 나라에 머물며, 자기는 여기에서 살 거라는 말을 하곤 한다.

심각한 경우에는 공상의 나라에서 헤어나지 못하고 자신의 현실을 망각한다. 그리고 일반적인 일은 아니지만 공상의 세계마저 자신을 충분히 만족시켜주지 못하면, 마약을 사용하거나 음식에 집착하고 술을 통해 위안을 얻기도 한다. 아주 극단적인 경우에는 자살을 시도하기도 한다.

물론 상상 그 자체는 좋은 것이다. 상상의 놀라운 힘은 인생을 바꾸어놓기도 한다. 그러나 현실과 너무나 동떨어진 비현실적인 상상은 아무런 도움이 되지 않는다.

이루고 싶은, 실현 가능한 목표를 생각하며 그것을 이루어냈을 때 자신의 모습이 어떠할지 상상해보라. 그리고 자신에게 엄청난 일을 해낼 만한 잠재력이 숨겨져 있을 거라는, 즐거운 상상의 힘을 빌어 자신감을 불어넣어 보자.

현재 자신이 꿈꾸고 있는 것 중에서 노력만 한다면 현실화될 가능성이 있는 일은 무엇인가? 그 달콤한 꿈을 이루기 위해서는 우선 무엇을 해야 할지 계획을 세워보자. 그리고 바로 행동 개시!

일단 상상을 현실 세계로 끌어오기 위한 첫 단계를 밟고 나면 차츰차츰 자신의 목표를 향해 꾸준히 나아가라.

중요한 것은 앞으로 다가올 날들이다. 과거에 얽매일 필요가 없다. 자신이 서 있는 현재, 오늘 충실하게 살아간다면 분명 멋진 인생이 당신을 기다리고 있을 것이다.

'만약에?'로 시작되는 쓸데없는 공상에 낭비하는 시간을 좀 더 구체적인 노력을 기울이는 데 사용한다면, 더욱 활력 있는 삶을 살아갈 수 있다.

배고플 때도 먹고 배고프지 않을 때도 먹는다.
어떤 때는 포만감을 느끼거나 질리기 전에
가능한 한 많이 먹으려고 재빨리 먹어 치우곤 한다.
항상 먹는 것을 즐기는 것은 아니지만,
먹는 일에 기계적으로 익숙해져서
더 이상 조절하기가 힘들다.

배고프지 않아도
무심코 무언가를 먹는다

사람들은 배고픔 외에도 여러 가지 이유로 음식을 먹는다. 우울증, 지루함, 외로움 때문이라고도 말할 수 있겠지만, 그것만이 전부는 아니다. 공허함을 채우기 위해, 자기 파괴를 위해, 즐거움을 느끼기 위해, 다른 사람들로부터 자신을 격리시키기 위해서일 수도 있다.

아니면 분노, 에너지 불균형, 불안, 죄의식, 두려움 등 그 원인은 수없이 많다. 폭식에 대해서 연구하고 그 심리적·육체적 원인을 다룬 책도 수없이 많다 그만큼 설명과 이론들이 다양하고 때로는 서로 모순되기도 하지만, 근본적으로 이런 행동이 한 가지 원인에서 비롯된다는 것은 부인할 수 없는 사실이다.

사실 배고프지 않을 때 먹는 이유는 단 한 가지, 자신에 대한 인식을 흐리게 하고 싶어서이다. 다시 말해 자신의 느낌, 자신의 기분, 자신의 생각이 마음에 들지 않기 때문이라는 것이다.

스트레스에 민감하거나 상처받기 쉬운 자아를 가진 사람들에게는 그로부터 벗어날 수 있는 탈출구가 절실히 필요하다. 그래서 때로는 공상이나 꿈을 통해 그것을 해소하기도 하지만, 그것으로도 괴롭고 답답한 일상에서 탈출하는 데 실패하는 사람은 약물이나 술 혹은 음식을 찾는다.

굉장한 스트레스에 시달린다는 것은 곧 머릿속이 부정적인 생각들로 가득하다는 이야기다. 그래서 자신이 할 수 있는 유일한 일에 집중하면서 그러한 생각들로부터 벗어나고자 한다. 가장 쉽게 자신이 집중할 수 있고 자신의 뜻대로 할 수 있는 일이 바로 '마구 먹기'이다. 자신의 생각을 마음대로 통제할 수 없기 때문에 그 보상 심리로 음식을 찾고, 그것에 의존하게 된다. 기분이 너무 우울하고 마치 몸이 어딘가로 꺼져버리는 듯한 무력감을 느끼지만, 그런 기분에서 '날쌔게 빠져나올' 능력은 없다. 그래서 대신에 케이크 한 조각을 먹는 것이다. 식이요법에 따라 무엇은 먹어도 되고 무엇은 먹으면 안 된다는 지시를 받으면 눈앞이 캄캄해진다.

만일 뭔가를 먹고 싶기는 한데 실제로는 배가 고프지 않다면, 잠깐 동안 냉장고로 달려가는 생각을 중지해보라. 대개 사람들은 거의 미친 듯이 음식에 달려든다. 그러나 자신이 무슨 짓을 하고 있는지 알아차리면 그런 행동을 중지할 것이다.

먹을거리만 찾지 말고 대신에 자신이 할 수 있는 즐거운 일 10가지의 목록을 만들어보라. 음식을 먹는 것처럼, 아니 그보다 더 쉽게 즉각적으로 할 수 있는 활동이어야 한다. 산책, 음악 감상, 뜨거운 목욕이나 샤워, 명상, 재미있는 읽을거리 등 주위를 둘러보면 팝콘 등을 껴안고 끊임없이 입 속으로 팝콘을 쑤셔 넣는 일 외에도 할 만한 일들이 얼마든지 많이 있다.

목록을 다 작성하고 나면(무엇을 적어 넣을지 고민하는 동안 당신의 머릿속에서 먹을 것에 대한 생각은 깨끗이 사라질 것이다) 부엌, 사무실, 혹은 냉장고 문 등 음식이 있거나 눈에 잘 띄는 곳에 붙여둔다.

또다시 뭔가를 먹고 싶은 욕구가 생긴다면 그런 목록 가운데 하나를 선택해서 행동으로 옮긴다. 이렇게 하면 지나치게 뚱뚱해진 자신의 하마 같은 몸매 때문에 또다시 스트레스에 시달리는 일은 없을 것이며 그와 동시에 기분 전환도 될 것이다.

먹고 싶은 충동은 간혹 순간적인 불만 때문에 생기기도 한다. 음식을 먹기 전에 10분만 참고 기다려도 이러한 충동이 약해지거나 사라지는 것을 느낄 수 있다. 프라이드치킨으로 손을 뻗으려는 순간, 먹는 일이 아닌 무언가 다른 일에 생각을 집중해본다. 그 10분간, 심호흡을 열 번하고 물을 한 잔 마신다. 자신의 몸은 음식을 갈구하는 것이 아니라 산소와 수분을 원하는 것인지도 모른다.

깊은 심호흡과 시원한 물 한 잔은 불안한 마음을 차분히 가라앉게 해준다.

이러한 여러 가지 노력에도 불구하고 여전히 먹고 싶다는 유혹을 뿌리칠 수 없다면, 먹는 방법을 바꾼다. 가령 포크를 사용한다면, 그리고 당신이 오른손잡이라면 포크를 왼손에 쥐고서 음식을 먹는다. 손으로 먹는다면 음식을 씹는 횟수를 속으로 세어본다. 이렇게 하면 자신이 무슨 일을 하고 있는지 확실하게 알 수 있을 것이다.

또한, 가만히 앉아 있지만 말고 일어나서 부지런히 몸을 움직여본다. 우리의 몸은 심리상태와 직접적인 연관이 있다. 부정적이고 자기 파괴적인 기분이 들 때 사람들은 대개의 경우 주저앉아서 꼼짝도 하지 않기 마련이다. 자리를 툭툭 털고 일어나서 몸을 움직여라. 몸을 움직이면서 마음의 '조깅'을 즐겨보라.

긍정적인 마인드 유지하는 방법

1. 감사하는 마음 갖기:

  매일 작은 것이라도 감사한 일을 떠올리며 긍정적인 생각을 키우세요.

2. 긍정적인 사람들과 함께하기:

  주변에 긍정적인 에너지를 주는 사람들과 시간을 보내면 자연스럽게 기분이 좋아집니다.

3. 자기 자신에게 친절하기:

  실수나 실패에 대해 너무 엄격하게 대하지 말고, 자신을 격려하는 말을 하세요.

4. 목표 설정과 성취감 느끼기:

  작은 목표를 세우고 달성할 때마다 자신감을 얻고 긍정적인 마인드가 강화됩니다.

5. 스트레스 관리:

  규칙적인 운동, 명상, 취미 활동 등을 통해 스트레스를 해소하세요.

6. 긍정적인 생각 연습:

  부정적인 생각이 들 때마다 그것을 긍정적인 시각으로 바꾸는 연습을 해보세요.

나의 인생은 아무런 의미가 없으며

내가 이룩해 놓은 일들은

모두 너무나 보잘것없다는 생각이 든다.

어차피 내가 있으나 없으나

여전히 지구는 돌아갈 것이며,

때로는 내가 없어지면 주위 사람들이

더 잘될 거라는 생각마저 든다.

나 한사람쯤 사라져도
지구는 여전히 돈다

우리는 어릴 때부터 남을 밟고 올라서지 않으면 남의 발밑에 깔리는 삭막한 현실 속에서 살고 있으며, 자신의 가치는 오직 능력에 의해서 결정된다고 배워왔다. 냉장고 문에 찍어놓은 손자국에서부터 직장에서 받는 보너스에 이르기까지 외적, 물질적 조건에 따라 그 사람의 가치도 달라진다고 생각한다.

그러나 자신의 내면적 가치를 찾지 못하면, 우리의 외면을 둘러싸고 있는 물질적인 것들은 공허한 껍데기, 혹은 언제 무너질지 모를 한낱 모래성에 불과하다.

우리는 어떤 사람이 되기 위해서 무언가를 '해야 한다'고 생각한다. 다음과 같은 서글픈 현실이 이러한 상황을 잘 표현해준다. 누군가가 당신에게 "당신은 누구십니까?"라고 묻는다면 무엇이라고 대답하겠는가? 의사, 인디언 추장, 비서, 혹은 다른 그 무엇이라고 말하지는 않는가? 상대방은 분명히 무엇을 하느냐고 묻지 않았는데, 사람들은 종종 자신이 '누구인가'와 자신이 '무슨 일을 하는가'를 혼동하곤 한다.

그 이유는 항상 손에 잡히는 무언가를 하지 않으면 자신이 별로 중요하지 않은 인물로 여겨질 거라고 생각하기 때문이다. 그래서 사람들은 대부분 눈에 보이는 결과물에 집착한다. 성공의 깃발을 흔들면서 "나를 보시오. 나는 이런 사람입니다."라고 말할 수 있어야 한다고 생각한다. 구도자의 길을 가거나 자신의 소유물과 지위를 포기한 사람들은 현실적으로 자신의 성공을 증명할 길이 없다. 이러한 삶을 살아가는 사람이 매우 드문 이유도 바로 여기에 있다.

고속도로에서 다른 차가 끼어들면 언짢아하는 정도를 지나 굉장히 격분하는 사람이 있다. 이는 상대방이 자신을 무시했다거나 심지어 자신을 공격하는 것이라고 생각하기 때문이다. 자신의 연약한 자아 도전을 받았기 때문에 화가 나는 것이다.

자신의 모든 세속적인 소유물을 포기해야 할 상황에 직면했다고 가정해보자. 그렇다면 이 세상에서 당신의 존재를 특별하게 만들어 줄 만한 다른 무언가를 '소유'하고 있는가? 친구나 배우자, 혹은 자신이 친하다고 생각하는 누군가와 의논해보는 것도 좋다. 자신의 성격이나 인간성, 자신이 가진 재능에 대해 한번 생각해보고, 주변 사람들에게 당신의 무엇에 가치를 부여하고 있는지 말해달라고 하자.

"당신은 누구인가?"라는 질문에 대한 정확한 답변은 무엇일까? "나는 주식중개인입니다"라는 대답은 자신이 무엇을 하고 있는가에 대한 대답이지, 자신이 누구인가에 대한 대답이 아니다. 예를 들면,

"나는 애정이 풍부하고, 남을 배려할 줄 알며 주식중개인으로서 내 일을 사랑하는 사람입니다. 나는 남들과 경쟁하는 것을 좋아하며 라켓볼을 즐깁니다"라는 대답이 더 정확하고 좋은 대답이라고 할 수 있다. '자신이 누구인가'의 문제는 '무슨 일을 하는가'와는 전혀 별개의 문제이다. 자신이 어떻게 인생을 사는가는 자신이 생업으로 무슨 일을 하느냐와는 관계가 없다.

물론 우리는 일을 통해 생계를 유지하고, 인생의 보람을 얻기도 한다. 그러나 외적인 조건에 연연하며 자신의 내면적 특성을 잃어버리고 살아간다면 결국에 '나는 누구인가'라는 근원적인 질문에 부딪히게 될 것이다.

자신을 사랑하고 자신이 진정 누구인가를 깨닫는 것이야말로 이 세상에 줄 수 있는 최고의 선물이다. 자신을 사랑하고 존경해야 다른 사람도 사랑하고 존경할 수 있기 때문이다.

나는 매일 의무적인 일들만 하고 있으며,
정말로 하고 싶은 일들은
영원히 할 수 없을 것 같다는 생각이 든다.
늘 피곤하고 판에 박힌 생활을 하고 있으며,
할 수 있는 일이라고는 숨을 쉬기 위해
머리를 수면 위로 내미는 일 뿐이다.

늘 판에 박힌 생활 속에서 무기력하다

현재 자신을 둘러싸고 있는 현실과 내가 바라는 이상 사이에서 커다란 괴리감을 느낀다. 원하는 곳에 도달할 수 없거나 정말로 원하는 일을 할 수 없을 거라고 생각할 때 우리들은 무력감에 빠진다.

마치 뛰어넘을 수 없는 높다란 벽에 부딪힌 느낌말이다. 더 이상 앞으로 나아갈 엄두조차 나지 않는다. 이대로 주저앉고만 싶다. 하고 싶지 않은 일을 해야 할 때 더욱 이런 느낌이 든다. 마음속에 무력감이 곰팡이처럼 피어올라 어느새 머릿속까지 점령해 버린다.

기분이 나쁜데도 불구하고 좋은 것처럼 행동해야 하는 것이 얼마나 힘든 일인지 경험해 보았는가? 말하고 싶지 않은 사람에게서 전화가 걸려오면, 온몸에서 기운이 쭉 빠져나가는 것처럼. 차라리 죽는 편이 더 낳을 것 같다는 생각에 나오는 건 한숨뿐이다. 이러한 사람들은 현재 자신이 있는 위치와, 도달해 있어야 한다고 느끼는 위치의 틈새에서 살고 있는 것이다. 일에 대한 성취감이나 동기? 그런 것은 잊은 지 오래다.

이와 같은 감정이 지속되면 자신에 대한 분노가 걷잡을 수 없이 커진다. 자신을 멈칫거리게 만드는 사람은 다른 누구도 아닌 바로 자기 자신뿐임을 알고 있기 때문이다. 변화를 시도하고나 위험을 감수하는 게 겁나기 때문에, 자신의 행동을 스스로에게 합리화하는 것조차 더욱 힘들어진다.

이런 경우엔 생각으로만 그치지 말고 자신이 정말 하고 싶은 일 중에 당장 실행 가능한 일을 골라서 실천에 옮기는 것이 도움이 된다.

직장의 사소한 일, 취미생활, 여행 등 어떤 일이라도 좋다. 무엇이든 자신에게 기쁨을 줄 수 있는 일이어야 한다. 머릿속으로만 쌓았다 부수며 의미 없이 반복하지 말고 목표를 뚜렷이 설정하고 행동을 개시할 때, 무력감에 젖어 있는 건조한 삶에서 벗어나 생동하는 삶을 향한 첫 걸음을 내딛을 수 있을 것이다.

또한 계속해서 아주 작은 말이라도 목표를 세우고 주저하지 말고 시도하라. 그렇게 하면 자신을 위한 일을 하고 있다는 생각만으로도 성취감을 느낄 수 있고 자신의 인생을 스스로 개척한다는 자부심을 느낄 수 있다.

더불어 자신이 정말 원하고 성취할 수 있다고 생각하는 목표를 설정해서 그 꿈을 달성하기 위해 구체적이고 현실적인 행동계획의 최종 기한을 정한다. 이러저러한 문제를 해결한 후에 시작하겠다는 생각 따위는 집어치워라. 그런 생각을 하고 있는 이상, 문제가 사라지는 날은 결코 오지 않을 것이다.

우선 꼼꼼하게 계획을 세우고 24시간 안에 첫 번째 계획을 실행에 옮긴다. 무력감은 행동하지 않기 때문에 생기는 것이다. 굳이 어떤 의미가 있는 일만을 고집하지 말고 그냥 무슨 일이든 해본다. 중요한 것은 행동 그 자체이다. 웅크리고 앉아 있는 자신을 일으켜 세우는 바로 그 순간부터 자신이 원하는 것을 이룰 수 없으리라는 느낌은 사라진다.

자신이 정말 원하는 것을 향해 첫발을 내딛을 때 하늘로 날아오르는 듯한 기분을 느껴본 적이 있는가? 체육관에서 운동을 하건 이력서를 보내는 일이건, 자기만의 목표를 향한 '움직임'은 인생의 주인이 바로 '나'라는 기분을 맛보게 해준다. 이때 자신의 인생과 행복은 다름 아닌 자기 손에 달려 있다는 메시지가 뇌에 전달되는 것이다.

음주, 흡연, 늦잠, 쇼핑…,
그것이 어떤 습관이건, 해롭건 해롭지 않건,
그것을 고칠 수가 없다.
다른 사람들은 나보다 훨씬 의지력이 강한 것 같다.
잘못되었다는 것을 알면서도
행동으로 옮기기가 너무 어렵다.

잘못된 습관을
고치기 어렵다

　먼저 자신에게 질문을 던져보라. 단지 오래도록 해왔기 때문에 습관으로 굳어진 것인가, 아니면 다른 원인이 있는 것인가? 다른 사람들에 비해서 습관을 바꾸기가 어려운 이유는 도대체 뭘까? 다른 사람들은 완전히 자신을 변화시키기도 하는데, 나는 왜 작은 습관에 얽매어 수년간 씨름을 하는가?

　사실 습관이란 시간과 관련이 있는 것이 아니라 의식의 부족과 관련이 있다. 어떠한 특정한 행동에 익숙해지도록 자신이 그런 행동을 하고 있는지조차 의식하지 못하는 경우가 흔하다. 습관과 행위의 유일한 차이는 자신이 그 행동을 얼마만큼 의식하느냐에 달려 있다.

　습관이란 이미 죽어버린 과정이며, 자동적으로 반복되는 무의식적인 행위이다. 자신이 무엇을 하고 있는지 제대로 파악하고 나면 더 이상 기계적으로 행동하지 않는다.

　습관을 깨뜨리는 것이 어렵다는 것은 그 만큼 자신의 행동에 주의를 집중하기가 힘들다는 얘기다.

손을 뜨거운 난로에 올려놓으면 고통스럽기 때문에 금방 손을 치운다.

습관은 단지 기계적인 과정이다. 자신이 하는 행동을 의식하지 못하면서 자동적으로 행동하는 것이다. 그래서 신경질적인 사람은 좋지 않은 습관을 가지고 있는 경우가 많으며, 그 습관들을 깨뜨리기가 더욱 어려운 경향이 있다.

우선 자기가 하는 활동을 기록해본다. 자신이 반복하는 습관에 대해 살펴보자. 한 달 정도만 기록을 하면 자신의 행동 습관을 파악할 수 있을 것이다.

'오전 6시 15분에 일어남. 샤워하고 옷 입음. 6시 45분에 아침식사를 하고 신문을 읽음. 6시 50분에 출근하기 위해 집을 나섬. 7시 30분에 직장에 도착하여 간식을 먹음. 8시에 영업팀과 회의' 등의 방식으로 기록한다.

그리고 일주일에 한 번씩 녹음테이프의 내용을 종이에 옮겨 적는다. 다이어트 중인 사람이라면, 자신이 먹은 음식에 형광펜으로 표시하고 나면 언제 무엇을 먹었는지 알 수 있다. 자신이 짜놓은 식단에 포함되어 있지 않은 음식을 누군가가 권하면 그것을 먹을 것인지에 대해서 다시 한 번 검토할 수 있기 때문이다.

이러한 연습을 통해 구체적으로 자신의 행동을 알고 나면 습관적이고 기계적인 행동을 벗어나 자신의 행동에 활기를 불어넣는 데 도움이 될 것이다.

　여기에 한 가지 제도를 덧붙이면 잘못된 습관을 버리는 것이 더욱 효과적일 것이다. 바로 '당근과 채찍'이다. 단지 고치려고 마음먹는 것만으로 부족한 사람이라면 일주일간의 훈련(?) 결과를 검토하면서 잘못된 행동이 표시된 부분이 두 개 이상 있으면 화장실 청소 등 자신이 하기 싫어하는 다른 일을 벌칙으로 정한다. 반대로 하루에 다섯 번 이상 위기를 극복한 흔적이 있으면, 자기에게 상을 주는 식으로 말이다.

나는 멍청이가 아니다.
상식도 없고, 세상 물정에 밝으며
책도 꾸준히 읽는다.
그러나 때로는 전혀 마음에도 들지 않는
차를 사거나
좋아하지도 않는 음식을 주문하는 등
어리석기 그지없는 행동을 하곤 한다.

멍청한 행동을 하곤 한다

누구나 한번쯤은 어리석은 행동을 한다. 아무리 자신감이 넘치고 결단력 있는 사람일지라도 가끔은 그리 현명하지 못한 짓을 저지르곤 한다. 현명한 사람과 어리석은 사람의 차이는 바로 여기에서 드러난다. 스스로에 대한 자신감이 부족한 사람일수록 어떻게든 자기 행동을 합리화하려는 경향이 있다. 그러나 현명한 사람은 자신의 어리석음을 인정하고 그것을 성장의 발판으로 삼는다.

때로는 정신이 흐릿해지거나 성급하게 결론을 내려서 제대로 선택하지 못할 수도 있다. 그러나 주변 상황을 재빨리 파악하고 그것에서 벗어나기 위한 적절한 조치를 취하는 능력에는 사람마다 차이가 있다.

자아가 강한 사람일수록 이전에 내린 결정에 얽매이지 않고 그때그때 현실에 맞는 '독립적인' 결정을 할 확률이 높다.

그러나 자아의식이 약한 사람은 이전의 행동을 억지로 정당화시켜서 자신이 옳다는 것을 증명해보이려 한다. 좋아하지도 않는 음식이지만 주문을 했으니까 먹는다.

　정말 보고 싶지 않은 비디오지만 어쨌든 빌려왔기 때문에 끝까지 본다. 과거의 행동을 합리화시키고 자신이 옳다는 것을 억지로 증명하려고 계속해서 잘못된 행동을 반복한다. 다시 말해서 온 동네를 뒤져서 빌려온 비디오이기 때문에 보고 싶지 않더라도 꼭 봐야지 내가 비디오를 빌려오기 잘했다는 생각에 마침표를 찍을 수 있는 것이다.

　누구나 올바른 판단을 내리고자 한다. 일부러 잘못된 판단을 내리는 사람은 없다. 그러나 앞에서 얘기한 사람들은 자신의 행동이 옳아야 할 필요가 있기 때문에 옳은 것이다. 손해를 무릅쓰면서까지 상황이 호전되기만을 바란다. 문제가 악화되건 말건 아무런 관심도 없다. 심지어 시간을 낭비하고 돈을 낭비하는 일을 반복한다. 결국에는 자신이 옳았다고 얘기할 수 있는 상황이 오리라는 한 가닥 희망을 걸고. 이러한 확실한 예를 사이비종교 집단의 경우에서 찾아볼 수 있다.사람들은 도대체 누가 그런 집단에 속아서 가족, 친구, 재산 더 끔찍하게는 목숨까지 버리는 것인지 의아해한다. 자아가 강한 사람이라면 사이버종교의 희생양이 될 가능성이 희박하다. 그러나 자아나 올바른 가치관이 부족한 사람일수록 자신의 생각이나 가치, 그리고 능력에 대해 명확한 판단을 내리기가 힘들다.

　사이비종교 집단은 서서히 사람을 끌어들이는 방법을 이용한다. 한 걸음씩 천천히 자신들의 세계로 '인도'하여 결국에는 스스로 자신의 행동을 정당화하지 않을 수 없게끔 만든다. 그들이 사람들을 유혹할 때 "이봐요, 우리 사이비종교에 들어와 당신이 가진 모든 걸 포기하지 않겠습니까?"라는 식으로 접근하지 않는 이유가 바로 여기에 있다.

그 어떤 것도 꼭 그렇게 해야만 한다고 미리 결정된 것은 없다. 즉 자신만이 결정을 내릴 수 있으며 더 이상 자신에게 이득이 되지 않는다는 판단이 서는 순간 마음을 바꿀 수 있는 것이다.

예를 들어, 남편 혹은 아내와 영화를 보러 극장에 갔다고 하자. 시작한 지 5분도 채 안 돼서 이 영화가 최근 몇 년 동안 본 영화중에 가장 형편없는 작품임을 알게 되었다. 자, 이제 당신은 어떻게 하겠는가? 이미 아이들을 맡기는 데 들어간 비용은 말할 것도 없고, 영화표, 팝콘, 음료수, 사탕, 그리고 주차비 등에 돈을 날려버렸다. 그러나 아무리 엉망인 영화라도 끝까지 다 봐서 이런 손해를 만회하고 본전을 뽑아야 한다고 생각하지는 않는가?

그러니 객관적으로 본다면 이런 의문점이 생겨날 것이다. 나는 이미 이 영화를 보기 위해서 돈을 낭비했다. 그런데 이런 재미없는 영화를 보기 위해 시간까지 낭비해야만 하는가? 과연 나에게 득이 되는 게 있는가? 내 아내나 남편에게 득이 되는가? 그렇다면 이 상황에서 손해를 줄이는 방법은 무엇인가? 선택의 여지가 남아 있는 것은 무엇인가? 영화관을 나오더라도 아이는 이미 맡겨놓았으니 내친김에

외식을 하고 전시회를 보러갈 수도 있지는 않을까?

위와 같은 질문 목록을 만들어 가지고 다니면서 어떤 일이 자신이 예상한 대로 풀리지 않을 때마다 목록을 꺼내서 재빨리 검토하라. 그러고 나서 손해를 줄일 수 있는 방향으로 결단을 내려라.

지나간 결정을 합리화하기 위해 소중한 시간과 에너지를 낭비하는 것은 이제 그만두자. 한 번의 실수로 족하다. 그리고 잘못된 판단을 내린 자신을 용서하라. 그리고 그 작은 실수로부터 삶의 큰 교훈을 얻었다고 생각하라.

유머 감각 늘리는 방법

1. 다양한 유머 콘텐츠 접하기:
   코미디 영화, 유머 영상, 유머 책 등을 자주 보고 들으며 다양한 유머 스타일을 접하세요.

2. 일상에서 유머 찾기:
   일상생활 속에서 웃긴 상황이나 재치 있는 말을 발견하고 자연스럽게 받아들이는 연습을 하세요.

3. 유머 감각 관찰하기:
   주변 사람들의 유머러스한 말이나 행동을 관찰하고, 왜 웃기다고 느꼈는지 분석해보세요.

4. 적극적으로 웃기기 시도하기:
   가볍게 농담을 던지거나 유머러스한 이야기를 해보는 것도 연습이 됩니다. 처음에는 어색할 수 있지만 계속 시도하면 자연스러워집니다.

5. 상대방의 반응에 민감하게 반응하기:
   유머는 타이밍과 상황이 중요하니, 상대방의 반응을 살피며 적절한 유머를 사용하는 연습을 하세요.

6. 자기 자신을 웃기게 만들기:
   자신을 너무 심각하게 생각하지 말고, 실수나 작은 일도 유머로 승화하는 연습을 해보세요.

7. 유머 감각은 연습과 경험이 중요:
   꾸준히 시도하고, 실패하더라도 포기하지 않으며 자연스럽게 늘어납니다.

지금 꼭 끝내야 할 일이 있다.
그러나 조금 자면 기운이 회복될 것이므로
잠을 청하기로 한다.
그러나 잠에서 깨어나면
또다시 이 일을 내일 시작하는 게
더 낫다고 생각한다.
그러나 다음날이 되면 또 다른 이유가 생긴다.

항상 그럴듯한 핑계로
자기 행동을 합리화한다

자기 자신에게 거짓말을 한다? 무슨 거짓말을? 왜? 도대체 무슨 이유로 자기 자신마저 속이려고 하는가? 어쩌면 우리는 인생을 자신조차 애써 속이며 살아가고 있는지도 모른다.

자기에게 완벽히 솔직해질 때도 있겠지만 그런 경우는 매우 드물다. 자신에게 솔직하지 못할 때가 얼마나 많은지 자기도 미처 깨닫지 못한다. 그것을 알아채지 못한 채, 계속해서 자신의 생각을 합리화시키기 위해 생각이나 목표, 계획을 수정한다. 자기를 합리화하면서 인생을 의미 없이 흘려보내 버린다.

세상과 자신을 있는 그대로 보려하지 않는다. 월요일에 시작하는 다이어트에서 다음 주 내내 해야 할 과제에 이르기까지, 이번만큼은 다를 거라고 스스로를 설득하지만 실패하기는 마찬가지다.

왜 자신에게 거짓말을 하는가? 그 이유는 자신에게 거짓말을 하지 않으면 결국에는 인정하고 싶지 않은 자신의 모습을 똑바로 바라봐야 하고 인생의 고통스런 현실을 인정해야 하기 때문이다.

항상 "나는 너무 피곤해.", "그렇게 힘을 쏟을만한 가치가 없어.", "정말로 문제가 되는 건 아니야."라는 말로 얼버무리기 일쑤다. 적절한 때를 기다리고 있다고 말하지만 도대체 그때가 언제란 말인가?

이러한 사람들은 시간과 열정을 대부분 잘못된 방향으로 사용하기 마련이다. 이런 태도를 가진 사람은 항상 자신의 좋은 면만을 보고 싶어 한다. 부정적인 면은 점점 더 감추고 자신의 본모습을 외면해 버린다.

가로등 불빛 아래서 잃어버린 동전을 찾는 한 남자가 있었다. 마침 그곳을 지나가던 사람이 그에게 어디서 동전을 떨어뜨렸느냐고 물었다. 그 남자는 자신이 서 있는 곳에서 조금 떨어진 어두컴컴한 한 구석을 가리켰다. 그러자 호기심이 생긴 그 행인이 다시 물었다. "동전을 저쪽에서 떨어뜨렸다면서, 왜 여기서 찾고 있죠?" 그 남자는 간단하게 대답했다. "여기가 더 밝으니까요." 이 남자처럼 우리는 현실의 어려움을 직면하고 싶지 않기 때문에 가끔 자신을 속이고 시간과 열정을 낭비한다.

아무것도 달라지는 것이 없이 같은 일을 반복하면서도 더 나은 다른 결과를 바란다면, 먼저 자신의 생각을 점검해봐야 한다. 인생에서 결코 변치 않는 한 가지 법칙이 있다면, 그것은 자신이 행동을 취하지 않으면 아무것도 변하지 않는다는 사실이다.

무언가가 달라지기를 바란다면, 자신이 지금까지 해왔던 일들을 변화시킬 필요가 있다. 영리한 사람일수록 영리한 거짓말을 한다. 그러나 결국 상처를 받는 사람은 자신뿐이다. 현실을 직시하고 행동을 취해야 한다. 결코 도망치거나 숨어서는 안 된다.

우선 스스로에게 다짐해야 한다. "성공에 대해서는 대가를 치르지 않아도 되지만, 실패에 대해서는 톡톡한 대가를 치러야 한다." 자신이 주로 머무는 방에다 이 문구를 붙여두고 자기 합리화를 하고 싶을 때마다 소리 내어 읽어보라. 앞으로 일을 제대로 끝마치지 않았다거나 발전을 회피하고 자신의 행동에 대해서 변명을 할 때마다 읽고 또 읽어보라.

변명하려는 자신을 극복하고 눈앞에 닥친 일들을 열심히 한다면 좀 더 나은 모습으로 변화할 수 있을 것이다. 만일 어리석은 짓이라는 사실을 알면서도 그런 행동을 했다면 그에 따른 결과를 솔직히 인정하라. 그것이 얼마나 잘못된 일인지 깨닫는 것이 거짓말을 하는 것보다 훨씬 낫다.

자기 자신에게까지 거짓말을 한다는 것은 너무나 슬픈 일이다. 다른 사람들이 당신에게 하는 거짓말만으로도 충분하니까.

인생이 빗나가는 데는 다 이유가 있다

초판 1쇄 인쇄 2025년 7월 14일
초판 1쇄 발행 2025년 7월 21일

지은이 이현우
펴낸이 이태선
펴낸곳 창작시대사

등록번호 제2-1150호(1991년 4월 9일)
주소 경기도 고양시 일산서구 강백로20
전화 031-978-5355 **팩스** 031-973-5385
이메일 changzak@naver.com

ISBN 978-89-7447-282-5 03190

* 값은 뒤표지에 있습니다.
* 이 책의 전부 또는 일부 내용의 무단 복제와 무단 전재를 금합니다.
* 잘못된 책은 바꿔드립니다.